죄를 이길 수 있는 비결
하늘에서 내려온 동아줄

변승우 지음

도서출판 **거룩한진주**

CONTENTS

서문

1. 단순히 성령을 의지하고 죄와 싸우겠다고 결단하는 것을 넘어 날마다 그런 결단을 해야 합니다.
   39

2. 날마다 성령을 의지하고 죄와 싸우겠다고 결단할 뿐 아니라 그 결단을 강화시켜야 합니다.
   49

3. 날마다 성령을 의지하고 죄와 싸우겠다고 결단하고 그것을 강화시키기 위해 기도할 뿐 아니라 그런 목적으로 적극적으로 은혜의 수단을 사용해야 합니다.
   59

4. 날마다 은혜의 수단을 열심히 사용하여 우리가 한 결단을 강화할 뿐 아니라 매일 종일 눈 돌리기와 생각 돌리기를 해야 합니다.
   73
   (1) 눈 돌리기   75
   (2) 생각 돌리기! 90

서문

이 책은 우리가 늘 들어온 '말씀대로 살라'는 내용이 아닙니다. 그렇게 하고 싶지만 번번이 실패하는 성도님들에게 희망을 주고, 구체적이고 실제적인 방법을 알려드리기 위한 시리즈 설교를 책으로 만든 것입니다. 얼마나 효과가 있는지는 이 설교를 들은 성도님들이 단 아래의 댓글들을 통해 여러분이 직접 확인하시기 바랍니다.

오직예수님
24.09.23 19:29

강력 추천!!!!!!!!! 느낌표 100개로도 부족한 역대급 진리입니다~~!!! 하늘에서 내려온 "응급구조 줄"과 같은 말씀입니다~~!!!

남은인생에녹처럼동행하고파

24.09.23 23:56

핵폭탄 같은 설교입니다. 해방되지 않았던 제 죄와의 싸움을 한 방에 해결시켜주는 핵폭탄 같은 설교입니다. 10년 전에 이 설교를 만났더라면~ 이런 생각이 설교 듣는 중에 들었습니다. 물론 10년 전에는 이 설교가 없었지만요^^;; 귀한 설교 전해주셔서 감사합니다!! 듣고 듣고 또 듣겠습니다. 매일 매일 이 말씀대로 살겠습니다!!!

새로운 차원

24.10.07 10:28

할렐루야 너무나 좋으신 주님…

담임목사님과 사랑하는교회를 통하여서 아주 속 시원한 진리의 말씀을 풀어놓아 주셔서 감사합니다.

너무나 중요한 진리라서 그런지 밤에 잠도 안 오고 아침에는 시간은 짧지만 성경을 펴서 읽었고 출근길에는 목사님의 설교를 반복해서 들었습니다.

"풀은 마르고 꽃은 시드나 하나님의 말씀은 영원히 있느니라" 말씀처럼 목사님께서 전하시는 진리의 말씀은 영원하고 한국 교회와 열방을 빛으로 인도하고 사망에서 생명으로 옮기게 하는 말씀입니다.

주님사랑해yo
24.09.23 10:51

불신자도 듣고 소화할 수 있을 법한 단순하고 명료한 설명 속의 정확함과 결정적인 방법 ㅠㅠ

저희를 너무나 사랑하셔서 용기를 북돋아주시는 담임목사님의 마음이 말씀 내내 느껴져서 더 힘을 얻었습니다.

변화될 수 있음에, 그리고 적시적소의 인도하심에 놀랄 수밖에 없는 설교입니다!!! ^^;;;♥ '인생설교'라는 단어가 떠올라요.

오!이삭

24.09.27 13:47

진정한 신자라면 죽을 때까지의 문제를 하나님과 목사님이 해결해 주셨습니다!!! 할렐루야!!!~ 이렇게나 실제적이고 효과적인 방법이 있었다니!!! 하도 놀래서 입이 딱 벌어집니다!!! 어느 누가 이 문제를 해결해 주겠습니까?

시원한바람

24.09.23 10:08

저의 가장 큰 고민이 있다면 바로 은혜를 유지하는 것이었습니다. 받은 은혜를 쏟아버리고 변화와 돌파가 너무나 느린 저 자신을 보며 "나는 영적인 연비가 너무 안 좋다. 연료는 잔뜩 먹는데 조금밖에 못 간다. 변화가 너무 더디고 없다"는 자괴감이 있었습니다. 그런데 요즘 담임목사님의 말씀을 듣고 야~ 이거 되겠다! 하는 생각이 들었습니다.

사랑에빛진자

24.09.23 14:11

목사님~ 진짜 세세하고 구체적인 가르침에 넘넘 감사드립니다♡♡♡ 어제 말씀을 들으며 속으로 "할렐루야! 이젠 진짜 된다!!!"를 얼마나 외쳤는지요! 예수님을 처음 믿은 것처럼 신앙생활의 모든 면에서 새 출발하고 싶어졌어요!

이런 말씀을 들을 수 있는 저는 도대체 어떤 은혜를 받은 걸까요? 주님, 그저 감사드리고 또 감사드립니다ㅠㅠㅠㅠ

목사님~ 정말 사력을 다하셔서 연구하시고 또 너무나도 쉽게 알려주셔서 넘넘 감사해요!!!

the kingdom of god
24.09.23 19:51

일정 기간 때가 되면 죄의 유혹에 넘어지기를 반복했는데. 회개하고, 기도하고, 결단해도, 성령님을 의지하고 또 의지해도 실패하기를 반복했습니다.

주님 은혜로 그때마다 다시 오뚝이처럼 일어섰지만요.

회개하면 크신 은혜로 다시 제 영이 살아나고, 임재 가운데 주님과 교제하는 것이 너무나 좋았지만, 맘속에는 늘 죄송하고 해결하지 못한 숙제로 남아 있었습니다.

오늘 말씀은 그런 저에게 구원의 동아줄이고, 빛이고, 생명의 말씀이셨습니다. 저에게 주신 아버지의 위로와 사랑의 말씀이었고, 아버지가 주신 놀라운 해결 방법이었습니다.

아버지~ 너무 너무 고맙고 감사드리고 찬양드립니다!!!

첫사랑으로

24.10.08 09:13

그동안 죄를 이기고 말씀대로 살 수 있는 여러 설교들을 들어왔지만, 그것이 다수에게 유익이 되지 못했습니다.

그런데 우리가 결단하고 실천하고 의지를 더욱 강화해서 생활화하기만 하면, 누구나 변화될 수 있는 이런 귀한 메시지를 부어주고 계신 주님께 감사드리고 찬양드립니다.

말씀 앞에 진지하게 반응하겠습니다. 달라지고 변화되어 내 영혼이 먼저 천국 가는 자가 되고 다른 영혼들을 천국 가도록 이끄는 자가 되겠습니다.

하나님 사랑 이웃 사랑

24.10.08 00:22

진리의 힘은 정말 실제적이고 엄청난 파워가 있습니다.

수십 년을 노력해도 늘 돌고 돌아 제자리라 참 낙담이 되곤 했었는데 주일 설교 말씀은 진짜 실제적으로 도움을 줍니다. 참 변화를 가져다줍니다.

귀한 진리를 통해 저희를 인도해 주시는 좋으신 아바 아버지께 감사와 찬송을 올려드립니다.

예수내안에
24.09.23 09:57

이상하게도 말씀을 종일 틀어놓고 기도를 시간 맞춰서 해도 나는 이정도까지인가? 싶을 만큼 한계가 늘 보였습니다. 살면서 일어나는 많은 일들을 감당하면서도 죄 없이 살기에는 나의 영성과 인품이 모자라다고 생각하고 체념하는 일도 잦았는데 웬일이고 웬 횡재입니까? 하나님의 크신 은혜입니다. 이렇게 쉬우면서도 강력하고 중요한 최전방 방어선이 있었군요.

기도와 말씀 당연히 필수적입니다. 하지만 이것으로 충분치 않았고 마음이라는 기지를 탄탄하게 수비하여 철옹성 방어를 하는 것까지 필요한 것이었습니다. 이것을 말해주는 설교자나 학자가 거의 없는 것이 개탄스러우면서 라이브로 들은 나는 완전 로또 맞았습니다.

사실 주일에 대기업 입사시험이 있었는데 너무 가기 싫고 주일예배에 꼭 가야만 할 것 같았습니다. 제가 게을러터져서 그런 줄 알았는데 인생 최고 잘한 땡땡이인 거 같습니다. 대기업은 많지만 이 설교를 라이브로 들을 기회는 한 번뿐이었으니까요.

정말 기름부음이 장난 아니었습니다. 주유소인 줄 알았습니다. 사우디 석유 터졌습니다.

차도 없는데 지금 휘발유 만땅 채운 기분입니다. 갑자기 자신감이 막 솟구칩니다. 죄를 과소평가할 수 있습니다. 이제 해방 되었네~! 해방 되었네~~!!

주님의기쁨되기소망
24.09.24 00:46

50평생 교회 다니며 설교를 들어도 늘 답답했던 갈증이 해갈되는 듯한 생수와 같은 말씀입니다. 목사님들의 성령을 따르고 육을 따르지 말아야 한다는 원론적인 말씀으로는 죄 문제가 해결이 되지 않은 수많은 성도들에게 정말 시원한 해결책이었습니다. 이 설교를 듣기 위해 저를 이 교회로 불러주신 것 같았습니다. 기도하세요, 말씀 읽으세요 같은 판에 박힌 말이 아닌 현장 코칭을 받은 듯 머리가 끄덕여지고 하나님께 깊은 감사가 터져 나오는 말씀이었습니다.

겸손히 동행
24.09.25 01:03

성령을 의지하고 결단하고 노력해도 죄를 이길 수 없는 진실한 신자들의 절규를 들으시고 하늘에서 동아줄을 내려주신 주님을 온 맘 다해 찬양합니다.

이번 담임목사님의 말씀이 우리에게 얼마나 중요한 말씀인지 마음 깊이 깨닫습니다. 또한, 너무도 구체적이고 실제적인 말씀을 통해서 수많은 영혼들이 능히 죄를 이기게 될 줄 믿습니다.

죄를 실제적으로 이기게 하는 이 진리의 말씀이 앞으로 얼마나 많은 성도님들의 삶을 변화시킬까 생각하니, 참으로 가슴이 벅차고 뜨거워집니다.

하나님 아버지! 이 진리의 말씀을 통해 수많은 신자들이 더 이상 죄에 넘어져서 낙심하며 좌절하지 않게 하시고 매일매일 승전가를 부르며 하나님께 영광 돌리는 삶을 살아가게 하옵소서!!!

어떻습니까! 믿음이 가고 기대가 되시지요! 그렇다면 꼭 구입해서 읽으시고 실생활에 적용해서 이기는 자가 됨으로 꼭 천국에 가시기 바랍니다.

그러므로 이제
그리스도 예수 안에 있는 자에게는
결코 정죄함이 없나니
이는 그리스도 예수 안에 있는 생명의 성령의 법이
죄와 사망의 법에서 너를 해방하였음이라
율법이 육신으로 말미암아 연약하여
할 수 없는 그것을 하나님은 하시나니
곧 죄로 말미암아 자기 아들을
죄 있는 육신의 모양으로 보내어
육신에 죄를 정하사 육신을 따르지 않고
그 영을 따라 행하는 우리에게
율법의 요구가 이루어지게 하려 하심이니라
육신을 따르는 자는 육신의 일을,
영을 따르는 자는 영의 일을 생각하나니
육신의 생각은 사망이요
영의 생각은 생명과 평안이니라
육신의 생각은 하나님과 원수가 되나니
이는 하나님의 법에 굴복하지 아니할 뿐 아니라
할 수도 없음이라

로마서 8:1-7

최근에 저는 한 달 넘게 습관적인 죄를 소재로 구원의 커트라인을 심도 깊게 다뤘습니다. 먼저, 저는 로마서 8장 2절에 나오는 "해방"이 다소 과하게 평가되었다고 했습니다. 그러면서 해방의 의미를 4가지로 정리해서 설명했습니다.

첫째, 바울이 말한 "해방"은 죄의 지배에서 자유케 된 실제적인 해방이다!
둘째, 바울이 말한 "해방"을 과도하게 생각하는 것은 금물이다!
셋째, 바울이 말한 "해방"은 성령을 따르고 율법의 요구를 이루는 삶으로 인도한다!
넷째, "해방"되었다고 죄에 대한 승리와 순종이 반드시 쉬운 것은 아니다!

저는 여전히 이 설명이 옳다고 생각합니다. 참고로, 이에 대한 자세한 설명은 곧 출판될『킹제임스 성경 팩트 체크!』라는 소책자에서 보실 수 있습니다.

또, 저는 로마서 8장 2절과 4절을 비교하면서 해방되었다고 자동으로 죄를 이기고 말씀대로 살 수 있는 것이 아니라 반드시 육신이 아니라 성령을 따라 행해야 한다고 말했습니다. 그러면서 찰스 피니의 말을 인용했습니다.

"우리는 또한 … **참 그리스도인들의 죄들은 지속적이거나 습관적인 죄가 아니라는 사실을 배운다.** … 그렇더라도, 강력한 유혹의 세력하에서 그가 그의 길에서 이탈하여 그의 궁극적인 의도에 순응하지 않거나 그것에 일치하지 않는 한 가지 행동 혹은 '일련의 행동들'을 저지를 수도 있다."[1]

"사람이 진정으로 거듭날 때, 그의 선택은 습관적으로 옳으며 물론 행동도 주로 올바릅니다. **유혹의 힘이 때때로 그릇된 선택이나 혹은 '연속적으로 그릇된 선택'을 하게 만들 수도 있**

---

[1] 찰스 피니『그리스도인의 순종의 원리』김원주 옮김. 서울: 생명의말씀사, 1997. pp. 197-198.

지만 그러나 그의 습관적인 행동 방향은 올바른 것입니다."[2]

저는 이것들에 근거해서, 전에 우발적인 죄와 습관적인 죄로 구분했던 죄를 우발적인 죄, 일시적인 죄, 습관적인 죄 세 가지로 나누었습니다. 또, 많은 고심 끝에 사람이 죄의 지배에서 해방되었고 주로 성령을 따라 행하고 있다면 우발적인 죄와 일시적인 죄는 물론이고 일시적인 죄 중 주기적인 죄도 버림받아 지옥에 가게 하지 않는다는 결론을 내렸었습니다.

이 중, 주기적인 죄에 대한 결론은 다음과 같은 찰스 피니의 말의 영향이 컸습니다.

"만일 어떤 사람이 이따금 강력한 유혹을 받아 죄를 짓고 나서 회개하고 당분간 그것을 버렸다가 다시 유혹에 굴복하여 그 죄를 범한다면 그가 죄 가운데 살고 있다는 것은 옳지 않다. 왜냐하면 그는 고의적이고 상습적이며 고집스럽게 이 죄를 범하는 것이 아니며 항상 그 죄를 버리려고 하며 그것에 저항하고 있음에도 불구하고 때때로 유혹이 그를 덮쳐 지배한다는 의미에서 볼 때 그것은 우발적인 범죄라고 볼 수 있기 때문이다."[3]

---

[2] 찰스 피니 『승리의 원리』 양낙홍 옮김. 서울: 크리스챤 다이제스트, 1991. p. 145.
[3] 변승우 『지옥에 가는 크리스천들』 서울: 거룩한진주, 2009. p. 69. 재인용.

뿐만 아니라, 야고보서 1장 15절에는 이렇게 기록되어 있습니다.

"욕심이 잉태한즉 죄를 낳고 죄가 장성한즉 사망을 낳느니라."

이처럼 단순히 죄가 아니라 장성한 죄가 사망을 낳습니다. 그런데 저는 일시적인 죄와 주기적인 죄는 불신자와 같이 완전히 습관적인 죄가 아니므로 장성한 죄가 아니라고 보았습니다.

또한, 저는 『지옥에 가는 크리스천들』에 실린 「회개와 자백」이라는 설교에서 '우발적인 죄는 자백하면 용서받지만 습관적인 죄는 반드시 회개하고 돌이켜야 용서받고 천국에 갈 수 있다.'고 했습니다. 이렇게 자백과 회개를 구분했습니다. 그런데 마태복음 18장 21-22절에 이렇게 기록되어 있습니다.

"그때에 베드로가 나아와 이르되 주여 형제가 내게 죄를 범하면 몇 번이나 용서하여 주리이까? 일곱 번까지 하오리이까? 예수께서 이르시되 **네게 이르노니 일곱 번뿐 아니라 일**

곱 번을 일흔 번까지라도 할지니라."

어느 날 예수님이 케네스 해긴 목사님에게 세 번이나 똑같은 질문을 하셨습니다.

"너는 내 자신이 하고 싶지 않은 것을 너에게 하게 한다고 생각하느냐?"

그리고 이렇게 말씀하셨습니다.

"내가 너에게 하루에 490번의 죄를 지었더라도 형제를 용서하기를 원하면서 내가 그렇게 하지 않는다면 나는 불공정한 것이다." [4]

저는 이것이 오래전부터 마음에 걸렸습니다. 왜냐하면 '일흔 번에 일곱 번이면 이것은 우발적인 죄가 아니라 습관적인 죄이다. 정말 회개했다면 이렇게 죄를 반복하지 않을 것이다. 그러므로 습관적인 죄다. 그런데 왜 용서하라고 하

---

[4] 케네스 E. 해긴 『사랑, 승리하는 길』 김진호 옮김. 성남: 믿음의 말씀사, 2006. pp. 172-177.

셨지?'라는 의문 때문입니다.

그런데, 습관적인 죄가 한 종류만 있는 것이 아닙니다. 고린도전서 3장에 나오는 미성숙해서 나타나는 사소한 습관적인 죄들도 있습니다.

> 고린도전서 3:1-3 "형제들아 내가 신령한 자들을 대함과 같이 너희에게 말할 수 없어서 **육신에 속한 자 곧 그리스도 안에서 어린아이들**을 대함과 같이 하노라. 내가 너희를 젖으로 먹이고 밥으로 아니하였노니 이는 너희가 감당하지 못하였음이거니와 **지금도** 못하리라. 너희는 **아직도** 육신에 속한 자로다 너희 가운데 **시기와 분쟁**이 있으니 어찌 육신에 속하여 사람을 따라 행함이 아니리요."

여기서 "시기와 분쟁"은 미성숙해서 짓는 죄이고 습관적인 죄였습니다. 왜냐하면 2절에 "지금도"라는 단어가 있고, 3절에 다시 "아직도"라는 단어가 나오기 때문입니다. 본래 유아기 때 잠깐 이런 죄를 짓고 말았어야 하지만, 고린도교회 신자들은 오래도록 이런 죄를 짓고 있었습니다. 하지만 바울은 그들이 지옥행이라고 하지 않았습니다. 또한, 복음서에 나오는 제자들도 이들과 같은 상태였습니다(마 20:20-

28, 막 9:33-35, 눅 9:46-48, 22:24-27).

이처럼 미성숙으로 인한 사소한 습관적인 죄들이 있습니다. 이것을 '소죄'라 부를 수 있는데, 이것을 포함해서 마태복음 18장 22절을 생각하면 모순이 아닙니다.

그러나 문제가 있습니다. 소죄가 일상적으로 짓는 잘못들로 가벼운 말다툼, 분노, 질투, 일상적인 게으름 등을 뜻한다는 것이 그것입니다. 대부분 회개하며 용서를 빌 만한 죄들이 아닙니다. 그러므로 이 구절이 소죄에 대한 것만은 아닌 것 같습니다. 말로 짓는 대죄와 같은 죄들이 이 안에 포함되어 있음이 분명해 보입니다. 때문에 그 죄들도 하나님께서 용서하신다고 보아야 합니다. 그러므로 해방이 되었고 주로 성령을 따라 행하는 신자가 일시적이거나 주기적으로 이런 죄를 지어도 자백을 하기 때문에 용서받고 천국에 간다고 보아야 한다고 생각했습니다.

물론 이것은 일종의 추론이고 그 이상의 직접적인 증거가 없습니다. 그럼에도 불구하고 저는 신뢰할 만한 간증들이 그것을 보완해 준다고 생각했습니다. 무슨 죄인지는 모르겠지만, 자기에게 습관적인 죄가 있었는데 죽은 후 흰옷을 입고 있어서 놀랐다는 밥 존스 목사님 사후체험을 비롯해서 김옥경 목사님의 시어머니와 어머니의 임종, 박세훈 목사님이 전도한 할머니의 임종 등이 그것입니다. 그러나 가장 이 견해에 힘을 실어준 것은 케네스 해긴 목사님의 간증이었습니다.

"삼십 년 전에 나는 한 사람의 치유를 기도하기 위해 그의 침대 곁으로 가까이 갔습니다. 그런데 나는 '치료'라는 단어 한마디도 말할 수 없었습니다. 나는 단지 '오 하나님' 하고는 '고쳐 달라(heal)'는 말 대신 '이 사람에게 복 주십시오(bless this man)'라고 말할 뿐이었습니다. 내 혀를 가지고 '치료'라는 말을 만들어 내려고 했지만 되지 않았습니다. 나는 혀를 통제할 수가 없었습니다. 나는 '주님, 왜 이 사람의 치료를 위해 기도할 수 없나요? 아직 죽을 나이가 아니지 않습니까? 주님은 최소한 70~80년을 우리에게 약속하셨습니다.'라고 말했습니다(시편 91편에서 하나님은 실제로 "장수함으로 너희를 만족케 하겠다"고 하셨고 만일 우리가 70~80년으로 만족하지 못한다면 우리는 만족할 때까지 더 살 수 있습니다).

그러나 주님은 이렇게 말씀하셨습니다. '그렇다. 그러나 그는 36년 전에 거듭났고 36년간 나는 그가 죄를 멀리할 것을 기다려 왔단다(하나님의 오래 참으심을 생각해 보십시오). 그는 지난 36년 동안에 2주 이상을 바르게 산 적이 없었단다. 그래서 나는 그를 심판하여 그의 육신을 멸망당하지 않도록 사탄에게 넘겨주었고 그의 영은 주 예수의 날에 구원을 받도록 했단다.'(이 말씀은 성경 고린도전서 5장과 11장 끝부분에 있는 말입니다.)

이어서 성령님은 내게 '너는 그의 치료를 위해 기도할 수는 없지만 이렇게는 할 수 있다. 그에게 손을 얹어 기도하여 성령 충만함을 받음으로 그의 남은 날들이 처음보다 낫도록 하겠다고 말하라'라고 말씀하셨습니다. 나는 주님의 말씀대로 그에게 말했습니다. 내가 손을 그의 이마에 얹자마자 그는 방언을 말했습니다. 그리고 그를 떠났는데 한 달 후에 내가 돌아와 보니 그는 죽었습니다. 사람들은 그가 침대에 앉아 밤낮 사흘 동안 방언으로 노래하고 기도한 후 영광스럽게 귀향했다고 말했습니다.

그것이 그를 위한 하나님의 온전한 뜻이었습니다. 지옥에 가는 것보다는 나은 일이지요. 나는 내 차를 타고 고속도로를 달리며 울면서 노래했습니다. '은혜, 은혜, 하나님의 은혜, 우리의 모든 죄보다 크신 하나님의 은혜여.'"[5]

이 간증의 주인공은, 거듭난 이후 36년 동안 2주 이상 바

---

5 케네스 E. 해긴 『기도의 기술』 김진호 옮김. 성남: 믿음의 말씀사, 2000. pp. 85-86.

르게 산 적이 없습니다. 한마디로 그는 우발적인 죄, 일시적인 죄, 주기적인 죄를 다 짓고 살았습니다. 그 결과, 이에 대한 심판으로 병을 치유 받지 못하고 죽었지만 영혼은 천국에 갔습니다. 저는 이 간증이 민감하고 결정하기 어려웠던 일시적인 죄 중 주기적인 죄에 대한 견해를 뒷받침해 준다고 생각했습니다. 그리고 그들도 버림받지 않고 천국에 간다고 생각했습니다.

그러나 여전히 한 가지 문제가 있는데, 이들이 버림받아 지옥에 갈 수도 있다는 가능성을 완전히 배제할 수 없다는 것입니다. 아쉽게도 이것을 배제할 만한 결정적인 증거가 없습니다. 이것이 이 견해의 아킬레스건입니다. 그래서 저는 더 많은 연구를 함과 동시에 우리 교회의 가장 실력 있는 여러 목회자들과 자주 토론을 했습니다. 그런데 모두 이 견해가 성경적으로 옳다고 동의하고 마음에 공명이 된다고 했습니다.

그런데, 희한하게도 다른 목회자들은 다 공명이 된다는데, 저는 강대상에서 설교할 때 두 번이나 영에 경고성 부저 같은 것이 강하게 울리는 것을 경험했습니다. 그래서 몹시 당황하고 당혹스러워서 설교 도중 얼굴이 홍당무처럼 빨개졌습니다. 아마 여러분도 눈치채셨을 것입니다. 그 뒤로, 저는 열린 마음으로 다시 진지하게 연구하고 토론했습니다. 또, 표현을 부드럽게 고치고 원고를 섬세하게 수정하고 보완했습니다. 그러자 설교하기 전에 원고를 읽을 때는 설교해도 괜찮을 것 같다는 생각이 들었습니다. 그러나 지난주 설교할 때, 다시 부저가 울릴 것 같은 느낌이 들어서 얼마나 당황스러웠는지 모릅니다. 저는 멘붕이 되었고 결국 설교를 제대로 하지 못했습니다. 이에 대해 여러분에게 참으로 죄송한 마음입니다.

솔직히 말씀드려서, 저는 최근에 '과연 내가 이 설교를 다 할 수 있을까?'라는 생각이 들고 자신이 없었습니다. 성경을 보면, 죄처럼 부정적인 것들에 대해 하지 말라고 엄격히 금하는 명령이 나옵니다. 또, 거룩이나 사랑처럼 긍정적인 것들에 대해 하라고 강하게 명령하는 것이 나옵니다. 그러나 일시적인 죄나 주기적인 죄는 그것을 하라는 명령은 물론이고, 그렇게 살아도 된다고 말한 구절이 없습니다. 때문에 저는 일시적인 죄와 주기적인 죄에 대한 나의 견해가 과연 성경적인가? 라는 고민을 깊이 하게 되었습니다.

자고로, 설교자는 성경이 계시하는 것을 가르쳐야 합니다. 그런데 이 주제는 성경이 침묵하고 있고 정확하게 계시하려는 내용이 아니라는 생각이 들었습니다. 만약 그랬다면 예수님이나 사도들이 말했겠지요! 성경의 주 메시지가 아니라는 생각이 들었습니다. 그런데 과연 이것을 몇 달씩이나 설교할 수 있을까? 라는 생각이 들었고 너무 부담스럽고 자신이 없었습니다.

또한, 아무리 많이 연구하고 토론을 했어도 사람은 불완전합니다. 그러나 성령님은 전지하고 완전하십니다. 그런데 지난주 설교할 때도 부저가 울릴 것 같은 느낌이 들어서 그것이 성령님께로부터 온 사인이라고 인정할 수밖에 없었습니다. 따라서 저는 장시간 연구하고 많은 목회자들과 토론하며 준비했고, 이미 작성해놓은 원고가 80페이지가 넘고, 깨달은 것을 녹음한 것도 90페이지 넘게 남아 있지만 설교를 여기서 접으려고 합니다.

다만, 킹제임스 성경의 실체에 대한 것과 대죄와 소죄의 구분같이 문제가 전혀 없는 내용들은 소책자로 출판할 것입니다. 이미 지난주 원고를 다듬어서 출판사로 넘겼습니다.

한편, 한 달 이상 다룬 이 주제에 대해 비록 제가 다 알지는 못하지만 그래도 정리는 하고 넘어가야 할 것 같습니다. 제가 보기에는, 앞에서 언급한 밥 존스 목사님 사후체험, 김옥경 목사님의 시어머니와 어머니의 임종, 우리 어머니의 임종 때의 상황, 박세훈 목사님이 전도한 할머니의 임종, 특히 케네스 해긴 목사님의 간증에 근거할 때, 일시적인 죄 혹은 주기적인 죄를 짓는 사람들 중에도 천국에 가는 사람이 있기는 한 것 같습니다. 만약 그렇지 않다면 이런 간증들이 없겠지요. 또, 제 개인적인 생각이고 틀릴 수도 있지만 우리 교회의 가장 영성이 좋고 탁월한 목회자들이 그 설명에 모두 동의하고 공감하지도 않았을 것입니다.

그러나 설사 그렇다 해도, 우리는 모르나 하나님께서 보실 때 각자의 상황과 마음 상태와 죄의 종류와 그 깊이가 다를 수 있고 그래서 결과가 다를 수 있습니다. 그러므로 그들이 다 천국에 가는 것은 아닌 것 같습니다. 천국 가는 사람들도 일부 있지만 지옥에 가는 사람들도 많이 있는 것 같습니다. 그래서 하나님께서 그런 죄가 있어도 버림받아 지옥에 가는 것은 아니다! 이렇게 단정하는 것을 원치 않으시는 것 같습니다. 이것이 부저가 울린 이유라고 저는 생각합니다. 실제로, 제가 "일시적인 죄를 지어도 지옥에 가지 않는다!" 혹은 "일시적인 죄 중 주기적인 죄를 지어도 버림받아 지옥에 가지 않고 천국에 간다!"고 말할 때 부저가 울렸습니다. 그러므로 저는 그들이 모두 천국에 가는 것이 아니기 때문에 그들이 버림받아 지옥에 가지 않고 천국에 간다고 단정하는 것을 하나님께서 싫어하신다고 생각합니다. 이것이, 제가 내린 솔직한 결론입니다.

이 결론에 근거해서, 저는 여러분에게 이렇게 권면해야 할 필요를 느낍니다. 만약 여러분이 참으로 하나님 말씀대로 살고자 기도하고 죄와 싸우고 노력하는데도, 여전히 일시적인 죄나 주기적인 죄가 남아 있다면 그것 때문에 절망하거나 포기하지 마십시오. 어떤 사람들은 그것 때문에 아예 우리 교회를 다니는 것이나 신앙생활 하는 것 자체를 포기하기도 합니다. 절대로 그렇게 하지 마십시오. 왜냐하면 그것이 천국에 가는 상태일 수도 있기 때문입니다. 지옥은 이렇게 쉽게 포기하고 가기에는 너무도 무서운 곳입니다. 그러므로 희망의 끈을 놓지 말고 계속 신앙생활하고 계속 죄와 싸우십시오.

동시에, 그것이 반드시 천국에 가는 상태라고 확신하지도 마십시오. 왜냐하면 결정적인 증거가 없기 때문입니다. 그러므로 하나님을 두려워하고 그 상태에 머무르지 말고 변화되기 위해 최선을 다하십시오. 이것이 제가 여러분에게 드릴 수 있는 최선의 권면입니다.

한편, 이제는 다시 무엇이 중요해졌습니까? 전처럼 죄와 싸워서 이기는 것이 굉장히 중요해졌습니다. 동시에, 실제로 죄를 이길 수 있는 비결이 매우 중요해졌습니다. 그러므로 죄를 이길 수 있는 비결 그것도 찐 비결을 여러분에게 설명해 드리고자 합니다.

지난주 화요일, 저는 강원도 춘천에 있는 춘천호수를 찾았습니다. 그날 목적지에 도착해서 호수 둘레길을 걸으며 운동하려고 차에서 내리기 직전이었습니다. 갑자기, 앞에서 설명해드린 한 달 넘게 설교한 것에 대해 정리가 됨과 동시에 신자라면 모두 알기 원하는 죄를 이길 수 있는 찐 비결이 깨달아졌습니다. 그래서 차에서 내리지 않고 한참 동안 그것을 녹음했습니다. 그 후 둘레길을 한 바퀴 돌고, 소양강댐으로 이동해서 확 트인 경치를 보며 복숭아 아샷추를 한 잔씩 마셨습니다. 또, 춘천숯불닭갈비로 저녁식사를 한 후 수양관으로 돌아왔습니다. 그런데, 수양관에 도착하기 직전에 다시 죄를 이길 수 있는 성경적이고 실제적인 비결이 더욱 구체적으로 깨달아졌습니다. 그래서 차를 멈추고 한참 동안 그것을 녹음했습니다. 그런데, 내용이 굉장히 보배롭습니다. 그래서 이것이 깨달아진 후 합리화할 생각은 없지만 '지난 한 달간의 설교가 의미가 없는 것이 아니라 이 중요한 설교를 낳기 위한 산고와 같은 역할을 했다'는 생각까지 들었습니다.

얼마 전에, 저는 오늘 접은 시리즈 설교를 하면서 여러분에게 이렇게 말했습니다.

"완전 성화가 된 사람이 아닌 이상, 바울도 자기 몸을 쳐서 복종시킨 것처럼 늘 내적 투쟁이 있기 때문에 죄를 온전히 이길 수 있는 비결을 알기 원합니다. 저도 그 정확한 비결을 수십 년간 찾았습니다. 그러면서 그동안 이에 관한 많은 책들을 썼습니다.

『지옥에 가는 크리스천들』에 나오는 「예순니임~」이라는 설교를 비롯해서, 케네스 해긴 목사님이 고백이 비결이라고 해서 고백에 대한 소책자도 만들고, 『청년이 무엇으로 그의 행실을 깨끗하게 하리이까?』라는 책도 쓰고, 에베소서 6장 12절에 대해 해긴 목사님이 받은 계시에 근거해서 『종교개혁보다 나를 개혁하는 것이 더 중요하다!』라는 책도 썼습니다. 또, 『다이아몬드 같은 진리!』에서는 아브라함이 죽은 자를 살린 것을 믿는 것처럼 성령님께 우리의 죽을 영을 살리시고 새 생명 가운데 행하게 할 능력이 있다는 것을 확실히 믿고 의지해야 된다고 했습니다. 또한, 가장 최근에는 영과 혼에 대한 설교를 하면서 말씀이 우리를 거룩하게 하므로 좌우에 날이 선 검과 같은 설교를 열심히 듣는 것이 비결이라고 하였습니다.

물론 이 안에도 죄를 이길 수 있는 비결이 들어 있습니다. 그러나 부분적이라서 충분하진 않습니다. 그런데 로마서 7장과 8장에 보면 바울이 계시 받아 가르친 죄를 이기고 말씀대로 살 수 있는 대표적이고 종합적인 비결이 기록되어 있습니다. 이 두 장은 죄를 이기고 말씀대로 살 수 있는 비결을 성경 전체에서 가장 자세히 설명한 곳입니다. 그런데 이번에 저는 8장을 통해서 그 비결을 깨달았습니다. 그러나 비결을 안다고 해서 죄를 이기고 말씀대로 사는 것이 쉬워지는 것은 아닙니다. 그렇더라도 성경에 계시되어 있는 가장 대표적이고 종합적인 비결이므로 그것을 여러분에게 설명해 드리고자 합니다."

여러분, 이 말을 들을 때 어떠셨습니까? 성경에서 바울이 말한 죄를 이기고 말씀대로 살 수 있는 가장 대표적이고 종합적인 비결이라니 기대가 되셨을 것입니다. 그러나 동시에 그 비결을 알아도 꼭 쉬워지는 것은 아니라니 김이 빠지지 않으셨나요? 아마도 그랬을 것입니다.

그런데, 지난주 화요일 깨달은 것을 통해서 이것이 바뀌었습니다. 그 깨달음이 더해짐으로, 단지 성경이 말하는 정확한 비결일 뿐 아니라, 실제로 그렇게 하면 누구나 변화될 수 있는 비결이 되었기 때문입니다. 그래서 이것이 굉장히 중요한 설교가 되어버렸습니다. 기대하셔도 좋습니다.

그럼, 지금부터 설명을 시작해볼까요? 과연 어떻게 해야 능히 죄를 이기고 말씀대로 살 수가 있을까요? 저는 그것을 성도들에게 정확하게 이해시키려면 이전과 다른 섬세한 구분과 설명이 필요하다고 생각합니다.

로마서 8장 2절에서 바울은 '생명의 성령의 법'이 우리를 죄와 사망의 법에서 해방했다고 했습니다. 또, 에스겔은 이렇게 예언했습니다.

> 에스겔 36:27 "또 내 영을 너희 속에 두어 너희로 내 율례를 행하게 하리니 너희가 내 규례를 지켜 행할지라."

그러므로 죄를 이기고 의롭게 살려면 반드시 성령님의 도움이 필요합니다. 이것은 틀림없는 사실입니다.

그런데, 8장 4절에 보면 육신을 따르지 않고 성령을 따르는 우리에게 율법의 요구가 이루어진다고 했습니다. 그러므로 실제로 그 일을 해야 되는 것은 우리입니다! 그래서 바울이 갈라디아서 5장 16절에서 이렇게 말한 것입니다.

"내가 이르노니 너희는 성령을 따라 행하라. 그리하면 육체의 욕심을 이루지 아니하리라."

이와 같이 성령님의 도움을 의지해야 하지만 결국 의를 행해야 되는 것은 우리입니다. 때문에 우리의 의지가 굉장히 중요합니다. 따라서 우리는 반드시 "나는 죄를 이기고 말씀대로 살 거야!"라고 결단하고, 실제로 그렇게 행해야 합니다.

이상 간단히 설명한 것과 같이, 성령의 도우심과 사람의 의지적인 노력 두 가지가 하나가 돼야 죄를 이기고 말씀대로 살 수 있습니다. 설교자라면 누구나 이것을 압니다. 그래서 설교에 돌고 도는 순환논법 같은 것이 나타납니다. 설교자들이 죄를 이기고 말씀대로 살 수 있는 비결을 가르칠 때, 어느 날은 이것을 강조하고 어느 날은 저것을 강조합니다. 즉, 어느 때는 "죄를 이기고 말씀대로 살지 못하는 것은 성령님을 의지하지 않았기 때문이야. 성령을 의지하면 말씀대로 살 수 있어. 그러므로 성령님을 믿고 의지하라!"고 외칩니다. 또, 어느 때는 "죄를 이기고 말씀대로 살지 못하는 것은 우리가 결단하고 순종하지 않았기 때문이다. 성령님이 도와주셔도 우리가 결단하고 순종해야 한다. 우리의 의지가 중요하다. 그러므로 결단하고 죄를 버리고 순종하라!"고 외칩니다.

성도님들은 그때마다 설교에 은혜 받고 도전을 받습니다. 또, 다시 희망을 가지고 시도합니다. 이런 설교들이 어느 정도 도움이 되기도 합니다. 그러나 많은 경우 그렇게 시도해도 원하는 수준의 변화가 일어나지 않습니다. 이것이 반복됩니다. 때문에 어떤 이들은 설교를 들으면서 "성령님을 의지해도 안 되던데" 하고 생각합니다. 그러나 다른 뾰족한 방법이 없습니다. 그래서 다시 성령을 의지하고 구합니다. 하지만 역시 원하는 만큼의 변화가 안 일어납니다. 또, 같은 사람이 사람의 의지가 중요하다는 설교를 듣고 이번에도 "나도 그렇게 해 보았는데 안 되더라."라고 생각합니다. 그러나 역시 다른 뾰족한 방법이 없습니다. 그래서 다시 결단하고 노력합니다. 하지만 이번에도 역시 원하는 만큼의 변화가 일어나지 않습니다. 이것이 계속 되풀이됩니다. 여러분, 이것이 많은 분들이 가지고 있는 고질적인 문제 아닙니까?

그런데, 둘 다 분명히 성경에 나오는 참 진리입니다. 그러므로 그렇게 하면 돼야 정상입니다. 그런데도 왜 성령님을 의지해도 원하는 만큼 변화가 안 되고, 결단하고 말씀대로 살려고 노력해도 원하는 만큼의 변화가 안 일어날까요? 왜 "성령님을 의지하라!"는 것이 분명히 답이고, "네가 결단하고 죄를 버리고 순종하라!"는 것이 답인데 답이 아닌 것이 되어 버리는 것일까요?

　저는 그 이유가, 이 설교들에 나타나 있는 설명이 두루뭉술하고 일부에게는 통하지만 전체에게 통할 수 있을 만큼 충분히 디테일하지 않기 때문이라고 생각합니다. 그래서 많은 경우 시도해도 만족할 만한 효과가 나타나지 않는 것이라고 생각합니다. 그러므로 이 주제의 설교들이 성도들의 일부가 아니라 거의 모두에게 효과적이 되려면 설명을 더 구체적이고 디테일하게 해야 합니다. 그런데, 저는 하나님의 은혜로 제가 그것을 깨달았다고 생각합니다. 어떻습니까? 갑자기 귀가 솔깃해지시지요! 지금부터 그것을 4가지로 정리해서 설명해드릴 터인데, 집중해서 잘 들으시기 바랍니다.

1

단순히 성령을 의지하고
죄와 싸우겠다고 결단하는 것을 넘어
날마다 그런 결단을 해야 합니다.

많은 이들이 설교를 듣고 기도하면서 성령님을 의지하고 말씀대로 살겠다고 결단합니다. 그 후 오늘과 이번 주뿐 아니라 내일과 다음 주를 비롯해서 계속해서 그렇게 살 수 있는 변화를 기대합니다. 그러나 변화가 되지 않습니다. 그래서 "왜 나는 변화가 안 되지? 왜 나는 시도해도 안 되지?" 하고 낙담하고 괴로워하는 분들이 많습니다.

과연 그 이유가 무엇일까요? 그것은 본래 그것만으로는 변화가 되지 않게 되어 있기 때문입니다. 오늘 내가 결단을 하고 그렇게 살았다고 내일도 그렇게 살 수 있는 것이 아닙니다. 혹은 다음 주와 다음 달도 그렇게 살 수 있는 것이 아닙니다. 오늘 그런 삶을 가능케 한 각오와 결단이 내일도 있어야 합니다. 그래야 내일도 그렇게 살 수 있습니다. 이것은

---

1. 단순히 성령을 의지하고 죄와 싸우겠다고 결단하는 것을 넘어 날마다 그런 결단을 해야 합니다.

그 이후도 마찬가지입니다.

우리는 내가 성령을 의지하고 말씀대로 살기로 결단했으니 지금부터 계속 그렇게 살 수 있을 것이라는 기대와 생각을 버려야 합니다. 따라하시기 바랍니다.

"결단의 시효는 하루다. 길어도 2-3일, 혹은 일주일이다!"

여러분, 이제 무엇이 문제인지 아시겠지요! 많은 이들이 오늘 성령을 의지하고 말씀대로 살기로 결단한 것으로 내일을 살려고 합니다. 그것은 불가능한 일입니다. 쉬운 예로, 우리는 날마다 숨 쉬고, 날마다 먹고, 날마다 씻어야 합니다. 그 누구도 어제 숨 쉬거나 어제 먹은 것으로 오늘이나 내일을 살 수는 없습니다. 이것은 상식입니다. 그래서 아무도 그런 기대를 갖거나 시도를 하지 않습니다. 그러나 신자들은 신앙생활을 할 때 자주 그런 기대를 갖고 그런 시도를 합니다. 그래서 실패합니다. 그 후에 결단하고 의지하고 노력해도 안 된다고 낙담하고 불평합니다.

오늘날 수많은 신앙인들의 고민은 죄를 이기고 말씀대로 사는 것이 하루나 몇 주는 되는데 지속적으로 안 된다는 것입니다. 그런데 문제 속에 답이 있습니다. 첫날이나 몇 주 동안은 왜 그것이 되었습니까? 진실로 성령을 의지하고 진실로 죄와 싸웠기 때문입니다. 그런데 왜 다음날 혹은 몇 주 후에는 안 될까요? 그것은 첫날 혹은 몇 주 동안 있었던 그런 각오가 없기 때문입니다. 제 말은, 죄를 이기고 말씀대로 살려는 마음이 전혀 없다는 것이 아닙니다. 처음과 같은 단호하고 결연한 각오와 결단이 없어졌다는 것입니다. 그래서 지속적으로 죄를 이기지 못하고 일시적이거나 주기적인 죄들이나 심지어 습관적인 죄에 빠지는 것입니다. 그리고 많은 이들이 지옥에 가는 것입니다. 그러므로 우리는 단지 성령을 의지하고 말씀대로 살겠다고 결단한 것에서 멈추지 말아야 합니다. 우리는 매일 그런 결단을 하고 죄와 싸우고 말씀대로 살기 위해 노력해야 합니다. 그러면 죄의 주기적인 고리가 깨집니다. 우리가 계속 그렇게 하면 말씀대로 사는 사람으로 능히 변화될 수 있습니다.

이쯤에서, 여러분에게 몇 가지 성경 구절을 읽어드리길 원합니다.

창세기 5:21-24 "에녹은 육십오 세에 므두셀라를 낳았고 **므두셀라를 낳은 후 '삼백 년을 하나님과 동행'**하며 자녀들을 낳았으며 그는 삼백육십오 세를 살았더라. **에녹이 하나님과**

'동행'하더니 하나님이 그를 데려가시므로 세상에 있지 아니하였더라."

요한복음 8:29 "나를 보내신 이가 나와 함께 하시도다. **나는 '항상' 그가 기뻐하시는 일을 행하므로 나를 혼자 두지 아니하셨느니라.**"

요한복음 15:16 "너희가 나를 택한 것이 아니요 내가 너희를 택하여 세웠나니 **이는 너희로 가서 열매를 맺게 하고 또 너희 열매가 '항상' 있게 하여** 내 이름으로 아버지께 무엇을 구하든지 다 받게 하려 함이라."

사도행전 13:43 "회당의 모임이 끝난 후에 유대인과 유대교에 입교한 경건한 사람들이 많이 바울과 바나바를 따르니 두 사도가 더불어 말하고 **'항상' 하나님의 은혜 가운데 있으라** 권하니라."

사도행전 24:15-16 "그들이 기다리는 바 하나님께 향한 소망을 나도 가졌으니 곧 의인과 악인의 부활이 있으리라 함이니이다. **이것으로 말미암아 나도 하나님과 사람에 대하여 '항**

상' 양심에 거리낌이 없기를 힘쓰나이다."

빌립보서 2:12 "그러므로 나의 사랑하는 자들아 너희가 나 있을 때뿐 아니라 더욱 지금 나 없을 때에도 **'항상'** 복종하여 두렵고 떨림으로 너희 구원을 이루라."

히브리서 3:13 "오직 오늘이라 일컫는 동안에 **'매일'** 피차 권면하여 너희 중에 누구든지 죄의 유혹으로 완고하게 되지 않도록 하라."

제가 왜 이 구절들을 인용하는지 아십니까? 이 구절들에 나오는 "항상" 혹은 "매일"이라는 단어 때문입니다. 우리는 한순간이나 한 날 혹은 몇 주 동안만 말씀대로 살면 안 됩니다. "항상" 혹은 "매일" 죄를 이기고 말씀대로 살아야 합니다.

그런데, 그것은 성령님의 도우심과 우리의 결연한 의지가 하나가 될 때 가능한 것입니다. 이 두 가지가 날마다 필요합니다. 그런데 우리는 어느 날 설교를 듣고 성령을 의지하고 순종하겠다고 결단한 후, 그것으로 하루나 한 주가 아니라 계속해서 살려고 했습니다. 그래서 처음에는 성공하는 듯하

1. 단순히 성령을 의지하고 죄와 싸우겠다고 결단하는 것을 넘어 날마다 그런 결단을 해야 합니다.

나 다시 과거로 되돌아가는 것입니다.

> 고린도후서 4:16 "그러므로 우리가 낙심하지 아니하노니 우리의 겉사람은 낡아지나 **우리의 속사람은 '날로' 새로워지도다.**"

이 고백에 나타나 있듯이, 속사람이 하루 새로워진 것 가지고는 안 됩니다. 날마다 새로워져야 합니다. 그런데, 저절로 날마다 새로워지지 않습니다. 그러려면 우리가 '날마다' 성령님을 의지해야 합니다. 또, 우리가 '날마다' 자기 몸을 쳐서 복종시켜야 합니다. 그래야 속사람이 날마다 새로워집니다. 그리하여 변화될 수 있습니다. 그러므로 우리에게 필요한 것은 설교에 도전받은 날 한 번 결단한 것에서 멈추지 말고 그 결단을 날마다 하는 것입니다. 그것이 변화의 비결입니다. 할렐루야!

2

날마다 성령을 의지하고
죄와 싸우겠다고 결단할 뿐 아니라
그 결단을 강화시켜야 합니다.

많은 경우, 성령님을 의지하고 죄와 싸우기로 결단하면 말씀대로 사는 것이 일시적으로는 됩니다. 그러나 지속이 안 되는 것이 문제입니다.

그럼 왜 안 될까요? 그것은 처음에는 설교 듣고 은혜를 받아 성령을 의지하고 순종하기로 진심으로 결단했는데, 시간이 지남에 따라 그것이 느슨해지기 때문입니다. 이것이 계속 죄를 이기지 못하는 이유입니다.

처음에는 성령님을 절박하게 의지했습니다. 그러나 나중에는 그런 절박함이 없이 피상적으로 의지합니다. 또, 처음에는 죄를 이기고 말씀대로 살려는 단호하고 결연한 의지가 있었습니다. 그러나 나중에는 의지가 느슨해지고 상투적인 것이 되어버리기 때문입니다.

여러분, 성령님이 우리 안에서 하시는 가장 중요한 일이 무엇인지 아십니까? 소원을 일으켜주시는 것입니다.

빌립보서 2:13 "**너희 안에서 행하시는 이는 하나님이시니 자기의 기쁘신 뜻을 위하여 너희에게 소원을 두고 행하게 하시나니**"

그런데 소원이 무엇입니까? 죄를 이기고 말씀대로 살고 싶다고 막연하게 생각하는 것이 아닙니다. 그것이 활활 타올라서 열망이 되는 것입니다. 바꾸어 말해서, 예수님이 말씀한 "의에 주리고 목마른 자"가 되는 것입니다(마 5:6). 오직 이런 사람만 의의 배부름을 얻을 수 있습니다. 즉, 변화될 수 있습니다. 소원은 절박함 혹은 결연함과 깊은 관계가 있습니다. 또, 우리에게 이런 소원이 있을 때 실제로 성령의 인도를 따라갈 수 있습니다. 그리고 죄를 이기고 말씀대로 살 수가 있습니다. 그러므로 우리에게 필요한 것은 바로 진실한 소원입니다.

[개역성경] 창세기 4:7 "네가 선을 행하면 어찌 낯을 들지 못하겠느냐? 선을 행치 아니하면 죄가 문에 엎드리느니라. **죄의**

소원은 네게 있으나 너는 죄를 다스릴지니라."

우리가 죄를 짓지 않으려면 죄의 소원을 다스려야 합니다. 반대로, 우리가 말씀대로 살려면 성령께서 일으켜주신 소원을 꺼뜨리지 말아야 합니다. 이것이 곧 능히 죄를 이기고 말씀대로 살 수 있는 비결입니다.

한번 생각해 보십시오. 성경 말씀에 입각해서, 우리가 성령을 의지하고 죄를 이기기 위해 결단하면 실제로 그렇게 되어야 합니다. 그런데 왜 잠시 되는 것 같다가 안 될까요? 그것은 성경이 아니라 우리 결단이 가짜기 때문입니다. 비슷하긴 해도 처음과 달리 더 이상 진짜 결단이 아니기 때문입니다. 겉모습은 진짜 같지만 껍데기만 남아 있고 알맹이가 없습니다. 그런데 자신은 성령님을 의지한다고 생각합니다. "내 힘으로 말씀대로 살 수 없고, 성령님이 아니면 안 된다"는 것은 신앙상식이고 그런 의식을 가지고 있기 때문입니다. 그러나 절박함과 간절함이 사라진 껍데기일 뿐입니다. 또, 자기는 말씀대로 살려고 결단하고 애쓴다고 생각합니다. 믿는 사람이라서 당연히 말씀대로 살려고 어느 정도 노력하기 때문입니다. 그러나 단호함과 결연함이 사라진 껍데기일 뿐입니다. 그래서 효과가 없고 실패하는 것입니다.

그 후, 많은 사람들이 '다른 사람은 성령을 의지하고 노력하면 되는데 왜 나는 안 되지?' 하고 생각합니다. 그러나 누구는 되고 누구는 안 되는 것이 아닙니다. 처음 성령을 의지할 때의 절박함과 간절함, 처음 말씀대로 살기로 결단할 때 가졌던 단호함과 결연함을 잃어버리지 않으면 누구나 되게 되어 있습니다. 만약 그렇지 않다면 그것은 진리가 아닙니다. 그러므로 내가 그것들을 잃어버려서 말씀대로 살 수 없을 뿐, 절대 누구는 되고 누구는 안 되는 것이 아닙니다.

제가 춘천호수에 가서 이것을 동행한 목사님들과 나누었을 때, 박세훈 목사님이 이와 관계있는 이런 말을 했습니다.

"제가 전에 주기적인 죄에 대한 자유를 경험했을 때 그렇다고 안도하거나 자만하는 마음이 없었습니다. 저는 자신을 여전히 죄 덩어리로 여기고, 하나님의 은혜와 도움이 아니면 다시 죄를 지을 수밖에 없는 존재로 여겼습니다. 그래서 승리하면서도 절박하게 하나님께 계속 죄를 이길 수 있는 은혜를 구하고 또 구했습니다. 그것이 계속해서 죄를 이길 수 있는 비결이었습니다."

맞는 말입니다. 그러니 우리가 어찌해야 할까요? 처음 성령을 의지할 때의 절박함과 간절함, 처음 말씀대로 살기로 결단할 때 가졌던 단호함과 결연함, 그것을 유지해야 합니다. 우리는 그 중요성을 깊이 깨달아야 합니다. 또, 그것에 초점을 맞춰야 합니다. 그리고 날마다 처음에 가졌던 단호하고 결연한 마음이 변치 않게 해달라고 하나님께 구체적으로 간구해야 합니다.

참고로, 누가복음 21장 34-36절에 보면 이런 경고가 나옵니다.

"**너희는 스스로 조심하라! 그렇지 않으면 방탕함과 술취함과 생활의 염려로 마음이 둔하여지고 뜻밖에 그 날이 덫과 같이 너희에게 임하리라.** 이 날은 온 지구상에 거하는 모든 사람에게 임하리라. **이러므로 너희는 장차 올 이 모든 일을 능히 피하고 인자 앞에 서도록 항상 기도하며 깨어 있으라** 하시니라."

우리가 깨어 의를 행하고 죄를 짓지 않으려면 항상 기도해야 합니다. 때문에 저는 이 설교 직후 「매일 기도」라는 제목의 설교를 하고, 그것을 여러 가지 버전으로 만들고 소책자로 만들 것입니다. 매일 기도해야 하는데 무엇을 어떻게 기도해야 하는지 모르는 분들은 이것을 사용하여 기도를 생활화하십시오. 특히, 이것은 여러분의 결단과 결심을 날마다 새롭게 강화시키는 일에 큰 도움이 될 것입니다. 그러므로 적극적으로 활용하시기 바랍니다.

3

날마다 성령을 의지하고
죄와 싸우겠다고 결단하고
그것을 강화시키기 위해 기도할 뿐 아니라
**그런 목적으로 적극적으로
은혜의 수단을 사용해야 합니다.**

우리는 단순히 성령을 의지하고 죄와 싸우겠다고 결단하는 것을 넘어 날마다 그렇게 결단하겠다고 마음을 정해야 합니다. 또, 우리의 결단을 매일 강화시키기 위해 하나님께 처음 가졌던 단호하고 결연한 마음이 변치 않게 해달라고 날마다 간구해야 합니다.

그런데, 기도보다 우리의 결단을 강화시키는 데 더 확실히 도움이 되는 것이 있습니다. 그것이 바로 우리의 결단을 강화하기 위해 적극적으로 은혜의 수단을 사용하는 것입니다. '은혜의 수단'은 존 웨슬리와 찰스 피니 그리고 청교도들이 주로 사용했던 용어로 모이는 일에 힘쓰고, 날마다 혹은 자주 설교를 듣고, 날마다 성경이나 종교 서적을 탐독하고, 좋은 간증들을 듣고, 성도들과 교제하는 것을 뜻합니다. 물론 이 안에 매일 시간을 정해놓고 기도하는 것도 포함됩니다. 우리가 진실로 변화되길 원한다면, 가만히 있으면 안 됩니다. 우리의 결단을 강화시키기 위해 수시로 은혜의 수단을 적극적으로 사용해야 합니다.

그러면, 왜 이것이 우리가 날마다 하는 결단의 절박함과 결연함을 강화시켜서 유지하는 데 확실히 도움이 될까요?

잠시, 여러분이 처음 심령에 찔림을 받고 회개하기로 결단했을 때를 생각해 보십시오. 즉, 베드로의 설교를 듣고 회심한 사람들처럼 "형제들아 우리가 어찌할꼬?"라는 탄식을 하며 회개한 때를 생각해 보십시오. 이때 우리의 결단은 절박하고 진실한 것이었습니다. 한마디로, 전인격적인 것이었습니다.

그런데, 이것이 가만히 있는데 저절로 생겨났나요? 아니지요! 잘 분별되고 기름부음이 강한 날선 검과 같은 설교를 들을 때 생겨났습니다. 또, 충격적인 간증을 듣거나 좋은 책을 읽다가 찔림 받을 때 생겨났습니다. 또는, 깊이 기도하다가 성령께서 우리 영혼을 각성시켜 주실 때 생겨났습니다. 중요한 것은, 이런 결단이 가만히 있는데 생긴 것이 아니라는 것입니다. 뭔가 소원의 불을 지피는 불쏘시개의 역할을 하는 것이 있었다는 것입니다.

그런데, 그때와 달리 그 뒤 우리가 날마다 재결단하고 그것이 유지되게 해달라고 기도해도 처음에 있었던 이런 불쏘시개가 없습니다. 그래서 결단이 약해질 수도 있습니다. 옳은 말이지요!

그러니 우리가 처음 결단할 때 가졌던 절박함과 결연함을 유지하려면 어찌해야 할까요? 방법은 하나뿐입니다. 처음처럼 찔림을 받을 수 있는 설교를 다시 들어야 합니다. 그리하여 죄를 이기고 하나님 말씀대로 살겠다는 각오와 결단과 의지가 처음처럼 다시 일어나게 해야 합니다.

한 번 불이 붙었다고 불이 계속 활활 타오르나요? 아닙니다. 계속 석탄이나 나무를 넣어주어야 합니다. 또, 한 번 밥을 먹었다고 계속 배가 부르나요? 아니지요! 어제 먹은 밥으로 오늘이나 내일 배가 부를 수는 없습니다. 그러므로 우리 결단의 절박함과 결연함을 유지하려면 필히 계속 모이기를 힘쓰고, 자주 설교를 듣고, 날마다 성경이나 종교 서적을 탐독하고, 좋은 간증들을 듣고, 매일 시간을 정해놓고 기도해야 합니다.

그런데, 많은 이들이 그렇게 하지 않습니다. 그러면서 한 번 한 결단과 그 뒤의 약화된 결단과 노력만으로 변화되길 기대합니다. 그래서 처음에는 변화되는 듯하나 작심삼일이 되고 마는 것입니다. 즉, 개가 토한 것을 먹고 돼지가 씻었다가 더러운 구덩이에 뒹구는 것처럼 과거로 되돌아가게 되는 것입니다.

여러분, 이제 왜 자신이 성령을 의지하고 죄와 싸워도 이길 수 없었는지 그 이유를 아시겠지요! 아셨으면, 먼저 주일성수부터 하십시오. 주일성수는 생명줄입니다. 또, 사사모도 참석하시고, 주일 저녁예배와 수요예배도 열심히 참석하십시오. 또, 주일설교만 듣지 말고 교회 홈페이지나 카페 특종에 올라오는 설교들을 모두 들으십시오. 또, 책도 아직 안 읽은 책과 새로 나오는 책들을 열심히 사서 읽으십시오. 그리고 반드시 날마다 기도하십시오. 그래야 변화가 됩니다.

이것을 조금 다르게 설명해 보겠습니다. 성경에는 경건의 필요성을 보여주는 구절들이 굉장히 많습니다.

로마서 1:18 "**하나님의 진노가** 불의로 진리를 막는 사람들의 **모든 경건하지 않음과 불의에** 대하여 하늘로부터 나타나나니"

베드로전서 4:18 "또 의인이 겨우 구원을 받으면 경건하지 아니한 자와 죄인은 어디에 서리요?"

베드로후서 2:4-10 "하나님이 범죄한 천사들을 용서하지 아니하시고 지옥에 던져 어두운 구덩이에 두어 심판 때까지 지키게 하셨으며 옛 세상을 용서하지 아니하시고 오직 의를 전파하는 노아와 그 일곱 식구를 보존하시고 **경건하지 아니한 자들의 세상에 홍수를 내리셨으며 소돔과 고모라 성을 멸망하기로 정하여 재가 되게 하사 후세에 경건하지 아니할 자들에게 본을 삼으셨으며** 무법한 자들의 음란한 행실로 말미암아 고통 당하는 의로운 롯을 건지셨으니 (이는 이 의인이 그들 중에 거하여 날마다 저 불법한 행실을 보고 들음으로 그 의로운 심령이 상함이라) 주께서 **경건한** 자는 시험에서 건지실 줄 아시고 불의한 자는 형벌 아래에 두어 심판 날까지 지키시며 특별히 육체를 따라 더러운 정욕 가운데서 행하며 주관하는 이를 멸시하는 자들에게는 형벌할 줄 아시느니라."

베드로후서 3:7 "**이제 하늘과 땅은 그 동일한 말씀으로 불사르기 위하여 보호하신 바 되어 경건하지 아니한 사람들의 심판과 멸망의 날까지 보존하여 두신 것이니라.**"

유다서 1:14-15 "아담의 칠대 손 에녹이 이 사람들에 대하여도 예언하여 이르되 보라 주께서 그 수만의 거룩한 자와 함께 임하셨나니 이는 뭇 사람을 심판하사 모든 경건하지 않은 자가 경건하지 않게 행한 모든 경건하지 않은 일과 또 경건하지 않은 죄인들이 주를 거슬러 한 모든 완악한 말로 말미암아 그들을 정죄하려 하심이라 하였느니라."

그러므로 경건은 선택이 아니라 필수입니다. 우리는 반드시 경건한 사람이 되어야 합니다.

그런데 경건한 자가 되려면 어떻게 해야 할까요? 성경에는 두 가지 비결이 나옵니다. 하나는, 경건의 능력입니다.

> 디모데후서 3:5 "경건의 모양은 있으나 **경건의 능력**은 부인하니 이 같은 자들에게서 네가 돌아서라."

다른 하나는, 경건의 연단입니다.

> 디모데전서 4:7 "망령되고 허탄한 신화를 버리고 **경건에 이르도록 네 자신을 연단하라.**"

이로 보건대, 하나님께서 경건의 능력을 주신다고 다 경건해지는 것이 아닙니다. 능력과 연단, 두 가지가 다 필요합니다.

그런데, "연단"은 헬라어로 "귐나조"로 "연습하다, 훈련하다"라는 뜻입니다. 그래서 '연습'이라는 말로 바꿀 수 있습니다. 재능은 하나님이 주신 것이고 연습은 자기가 하는 것입니다. 또, 모든 일에는 먼저 재능이 있어야 되고 그 다음에는 연습이 필요합니다. 경건도 마찬가지입니다. 먼저, 하나님이 주시는 경건의 능력인 성령이 필요합니다. 그다음 우리가 경건에 이르도록 연습해야 합니다. 그럴 때 경건이 이루어집니다.

그런데 연습이 무엇입니까? 한마디로, 무한 반복입니다. 그러므로 우리는 계속 설교를 듣고, 계속 간증을 듣고, 계속 책을 읽고, 계속 기도해야 합니다. 그래야 경건한 사람이 될 수 있습니다.

한편, 그날 제가 차 안에서 이것들을 녹음한 후 차에서 내려 호수 둘레길을 걸으려고 했습니다. 그때 박세훈 목사님이 급히 다가오면서 "담임목사님의 말씀이 정말로 맞습니다!"라고 말하며 이런 고백을 했습니다.

"제가 완전을 경험했을 때, 도대체 어떻게 완전을 경험하게 된 걸까? 이것을 곰곰이 생각해 보았습니다. 그것이 100

퍼센트 하나님의 은혜지만 어떻게 그것을 경험할 수 있었는지 돌아보게 되었습니다.

그런데, 그때 평소와 다른 특이한 점이 있었습니다. 그것은 바로 담임목사님의 설교를 매일 들으면서 날마다 엄청난 찔림을 받고, 또 사모하는 마음으로 담임목사님의 책을 읽은 것도 또 읽으면서 하루하루를 그렇게 살았습니다. 그러다 완전을 경험했습니다.

그때를 생각해보면, 담임목사님의 책을 하루에 최소 세 권을 읽었고 많이 읽을 때는 하루 다섯 권까지 읽었던 것 같습니다. 그리고 남은 시간에는 담임목사님의 설교를 계속해서 들었습니다. 그 결과 마음에 계속해서 찔림을 받고 갈급함을 한 순간이 아니라 계속 유지하면서 지냈습니다. 이것이 완전에 이를 수 있었던 비결이었습니다."

박세훈 목사님뿐만이 아닙니다. 그보다 먼저 완전을 경험한 김옥경 목사님도 마찬가지입니다. 여러분도 간증을 들어서 아시겠지만, 김옥경 목사님이 저절로 그렇게 되셨습니까? 아닙니다. 날마다 성경을 억수로 읽고, 날마다 테이프가 늘어날 정도로 설교를 억수로 듣고, 날마다 억수로 기도했습니다. 비결이 서로 정확히 일치합니다.

물론 우리가 그 정도까지 해야 죄를 이기고 말씀대로 사는 사람으로 변화되는 것은 아닙니다. 그러나 일정 수준 이상 그렇게 해야 계속 죄를 이기고 말씀대로 사는 사람으로 변화될 수 있습니다. 참으로 이것이 비결입니다. 또, 이것 외에 다른 비결은 없습니다. 그러므로 여러분 모두 꼭 이렇게 하시기 바랍니다.

끝으로, 디모데전서 4장 5절에 보면 이런 말씀이 있습니다.

"하나님의 말씀과 기도로 거룩하여짐이라."

과거에는 많은 설교자들이 이 구절을 인용하며 말씀과 기도가 성화의 비결이라고 말했습니다. 물론 이 구절은 그런 뜻이 아닙니다. 그럼에도 불구하고 말씀과 기도가 성화의 비결인 것만큼은 사실입니다. 그래서 변화되기 위해 설교를 많이 듣는 성도님들이 많습니다. 또, 변화되기 위해 기도를 많이 하는 성도님들이 많습니다.

그런데 그런다고 다 바뀌나요? 바뀌는 분들도 많지만 안 바뀌는 분들도 많습니다. 많은 분들이 계속 설교도 많이 듣고 기도도 많이 하지만 단지 설교를 많이 듣고 기도를 더 많이 할 뿐 바뀌지 않습니다. 그러므로 우리는 단지 설교를 더 많이 듣고 기도를 더 많이 한다고 바뀌는 것이 아니라는 것을 깨달아야 합니다.

그럼 어떻게 해야 할까요? 먼저, 우리는 죄를 이기고 말씀대로 살겠다고 결단한 의지의 절박함과 결연함을 강화시키는 것의 중요성을 깨달아야 합니다. 또, 그 일에 초점을 맞추고 그것을 목표로 설교를 듣고 기도해야 합니다. 또, 그것을 목적으로 책을 읽고 간증을 들어야 합니다. 또한, 실제로 그것에 도움이 될 만한 설교나 간증이나 책들을 읽고 들어야 합니다. 그리하여 계속 우리의 결단과 의지를 강화시켜야 합니다. 그래야 능히 죄를 이기고 말씀대로 살 수가 있습니다.

이것은 굉장히 중요한 포인트입니다. 그런데 오늘날 많은 이들이 이 일은 하지 않고 단지 설교를 많이 듣고 기도를 많이 합니다. 그러나 그것만으로는 사람이 변화되지 않습니다. 설교와 기도가 우리의 지식이나 감정만 건드리지 말고 의지를 건드려야 합니다. 그래서 우리의 결단과 의지가 전인적인 것이 되어야 합니다. 그래야 지속적으로 변화된 삶을 살 수가 있습니다.

이제, 여러분 모두 그동안 나름대로 설교를 열심히 듣고 기도를 더 많이 해도 왜 시간만 늘어나고 변화되지 않는지 그 이유를 아셨을 것입니다. 이유를 아셨으니 더 이상 절망

하지 마십시오. 희망을 갖고 다시 일어나, 처음 결단할 때와 같은 절박함과 결연함을 강화시키는 것에 초점을 맞추십시오. 또, 그것을 사모하고 갈망하고 그 은혜를 구하십시오. 또한, 우리의 의지를 강화시키는 데 도움이 되는 설교나 간증을 열심히 들으십시오. 그러면 그것이 여러분의 지식과 감정을 건드리는 데서 멈추지 않고 여러분의 의지를 건드리게 될 것입니다. 그 결과 여러분의 결단이 전인적인 것이 될 것이고 여러분 모두 실제로 변화되게 될 것입니다.

3. 날마다 성령을 의지하고 죄와 싸우겠다고 결단하고 그것을 강화시키기 위해 기도할 뿐 아니라 그런 목적으로 적극적으로 은혜의 수단을 사용해야 합니다.

4

날마다 은혜의 수단을
열심히 사용하여
우리가 한 결단을 강화할 뿐 아니라
**매일 종일 눈 돌리기와
생각 돌리기를 해야 합니다.**

죄를 이기고 말씀대로 사는 자가 되려면 첫째로, 단순히 성령을 의지하고 죄와 싸우겠다고 결단하는 것을 넘어 날마다 그런 결단을 해야 합니다. 둘째로, 그 결단을 기도로 강화시켜야 합니다. 셋째로, 그 결단을 강화시키기 위한 목적으로 부지런히 은혜의 수단을 사용해야 합니다.

이제, 마지막 비결을 말씀드릴 차례입니다. 마지막으로, 우리가 죄를 이기고 말씀대로 살기 위해 꼭 해야 할 일은 무엇일까요? 그것은 다음 두 가지입니다.

(1) 눈 돌리기

보통, 남자들은 '눈 돌리기'를 잘해야 한다고 합니다. 여기서 제가 만들어낸 말이 있는데 그것이 '생각 돌리기'입니다.

4대지는 본래 죄를 이기고 말씀대로 살 수 있는 비결로 생각 돌리기를 설명하는 곳입니다.

그런데, 생각 돌리기를 하기 전에 혹은 생각 돌리기와 함께 반드시 해야 하는 것이 있습니다. 그것이 눈 돌리기입니다. 그래서 먼저 눈 돌리기를 간단히 설명하고, 그 뒤 생각 돌리기를 설명하고자 합니다.

성경에서 눈 돌리기의 필요성을 보여주는 가장 대표적인 구절은 다음 세 가지입니다.

> 욥기 31:1 "**내가 내 눈과 약속하였나니** 어찌 처녀에게 주목하랴?"

> 마태복음 5:28 "나는 너희에게 이르노니 음욕을 품고 여자를 보는 자마다 마음에 이미 간음하였느니라."

> 베드로후서 2:14 "**음심이 가득한 눈을 가지고 범죄하기를 그치지 아니하고** 굳세지 못한 영혼들을 유혹하며 탐욕에 연단된 마음을 가진 자들이니 **저주의 자식이라.**"

어떻습니까? 이 구절들만 읽어도 눈 돌리기의 필요성이

진하게 느껴지지 않나요?

동방의 의인 욥뿐 아니라 성 프랜시스도 눈 돌리기를 했습니다. 성 프랜시스는 수녀들이 있는 성 다미엔 성당에 들를 때마다 각별히 몸가짐을 조심했고, 성 클라라 외에 어떤 자매의 얼굴도 쳐다보지 않았습니다. 그는 필요해서 그곳을 드나드는 제자들에게도 자기처럼 조심하라고 늘 당부했습니다.[6] 그는 또 이런 이야기를 제자들에게 들려주었습니다.

"어떤 왕이 있었다.

하루는 무슨 일로 두 대신을 불러 왕후에게 보냈다.

얼마 후, 왕후에게 다녀온 두 대신이 왕 앞에 이르자 왕은 그 중, 한 대신에게 물었다.

'네가 보기에는 왕후가 어떻더냐?'

이때 그 대신은 부러운 듯 말했다.

'폐하께서는 참으로 행복하시겠습니다. 왕후는 천하에 다시 없는 미인이었습니다.'

그러자 왕은 다른 대신에게 물었다.

'네 눈에는 어떻더냐?'

---

[6] 오병학 『성 프랜시스의 생애』 서울: 교회교육연구원, 1989. pp. 135-136.

'왕후의 용모는' 대신은 담담한 표정으로 대답했다. '폐하께서 판단하실 일이지 제 소임이 아닙니다. **저는 폐하의 말씀만 전했을 뿐, 왕후의 얼굴을 보지는 않았습니다.**'

그러자 왕은 기쁨을 감추지 못하며 말했다.

'**너는 참으로 깨끗한 눈을 가졌구나. 너는 내 곁에서 평생 떠나지 말도록 하여라.**'

그 다음, 첫 번째 대신에게 화를 내면서 소리를 질렀다.

'너는 내 곁에 있을 자격이 없는 놈이다. 당장 물러가라!'"[7]

또한, 성 프랜시스가 제자들에게 늘 강조하며 들려준 말이 있는데, "길을 걸을 때 눈으로는 땅만 내려다보고 마음으로는 하늘만 쳐다보아야 한다."[8]는 것이 그것입니다.

그럼에도 불구하고, 우리는 이렇게 생각합니다.

'욥은 완전한 자이니 그렇게까지 했지. 또, 성 프랜시스도 성자이니 그렇게 했지. 나처럼 평범한 사람이 그렇게까지 할 필요가 있나?'

---

7   오병학 『성 프랜시스의 생애』 서울: 교회교육연구원, 1989. p. 136.
8   오병학 『성 프랜시스의 생애』 서울: 교회교육연구원, 1989. p. 107.

이렇게 안일하게 생각하고 눈 돌리기를 하지 않는 사람이 많습니다. 그러나 우리는 반대로 생각해야 합니다. 즉, 이렇게 생각해야 합니다.

'완전에 도달한 동방의 의인 욥이 그럴 필요를 느꼈다면, 나는 더 그래야 되지 않나? 또, 성자 중의 성자인 성 프랜시스도 마음을 청결하게 하기 위해 여자의 얼굴을 보지 않았다면 나는 더 그럴 필요가 있지 않을까?'

맞는 말이지요! 더구나, 지금은 욥이나 성 프랜시스가 살던 시대와 너무 다릅니다. 과거와 달리 여성들이 몸에 착 달라붙는 레깅스나 미니스커트나 배꼽티 등 노출이 심한 옷들을 많이 입습니다. 또, 텔레비전 광고, 영화, 드라마, 나아가서 인터넷까지 선정적이거나 음란한 내용이 너무 많습니다. 상황이 악화되었습니다. 그래서 눈 돌리기가 7배는 더 필요해졌습니다.

게다가, 음란은 피해야 이길 수 있는 죄입니다.

창세기 39:7-13 "그 후에 그의 주인의 아내가 요셉에게 눈짓하다가 동침하기를 청하니 요셉이 거절하며 … 여인이 날마다 요셉에게 청하였으나 **요셉이 듣지 아니하여 동침하지 아니할 뿐더러 함께 있지도 아니하니라.** 그러할 때에 요셉이 그의 일을 하러 그 집에 들어갔더니 그 집 사람들은 하나도 거기에 없었더라. 그 여인이 그의 옷을 잡고 이르되 나와 동침하자 그러나 **요셉이 자기의 옷을 그 여인의 손에 버려두고 밖으로 나가매** 그 여인이 요셉이 그의 옷을 자기 손에 버려두고 **도망**하여 나감을 보고"

디모데후서 2:22 "**또한 너는 청년의 정욕을 피하고 주를 깨**끗한 마음으로 부르는 자들과 함께 의와 믿음과 사랑과 화평을 따르라."

무턱대고 싸울 것이 아니라 눈 돌리기를 잘하고 피해야 이길 수 있습니다.

다윗이 왜 범죄했습니까? 밧세바가 목욕하는 것을 보고 바로 눈 돌리기를 하지 않았기 때문입니다. 눈은 마음의 문입니다. 눈을 뺏기면 마음을 빼앗기게 됩니다. 눈을 지키는 것이 곧 마음을 지키는 것입니다. 눈 돌리기는 선택이 아니라 필수입니다! 또, 눈 돌리기를 하지 않아도 된다는 것은 마귀의 속임수이고 미혹입니다. 그러므로 여러분 모두 눈 돌리기를 반드시 하시기 바랍니다.

그럼 우리가 눈 돌리기를 할 때 구체적으로 어떻게 해야 할까요?

많은 사람이 눈 돌리기를 여름철에 해수욕장에서 비키니를 입은 여자를 눈여겨보지 않거나, 길거리에서 미니스커트같이 노출이 심한 옷차림을 한 여성을 보지 않는 것 정도로 생각합니다. 그러나 그렇게 해선 마음의 청결을 유지할 수 없습니다. 훨씬 더 근본적이고 철저한 눈 돌리기를 해야 합니다.

먼저, 더 근본적인 눈 돌리기를 해야 합니다. 그것은 컴퓨터에 '아이지키미'나 '엑스키퍼' 같은 음란물 차단 프로그램을 까는 것입니다.[9] 또, 이번에 제주휴양관에 TV를 넣으면서 한 것처럼 19금 프로를 차단하고 비밀번호화하고, 핸드폰은 Google Family Link(무료)를 설치해서 사용해야 합니다. 음란은 싸워서 이길 수 있는 죄가 아닙니다. 그러므로 필요하다고 느껴지는 분들은 이것부터 하시기 바랍니다.

다음으로, 더 철저한 눈 돌리기를 해야 합니다. 하나님은 존 물린디 목사님에게 이렇게 말씀하셨습니다.

---

[9] 참고로, 어떤 성도님(닉네임: "Burning fire")이 댓글을 다신 것처럼 '아이지키미'가 더 완벽하게 차단합니다.

"'너의 삶이 간음으로 가득 차 있다.'

'아니야! 이건 아니지.' 내가 마음으로 거부하자 음성이 잠시 멈추더니 말씀하셨습니다.

'내 입에서 나오는 말은 전부 정직하다. 그런데 너는 나를 거짓말쟁이라고 부르느냐? 네가 네 마음조차 모르니 내가 보여주겠다. 이날을 기억하느냐? 이 시간 이 장소를?'

형제자매 여러분! 저는 그 시간, 그 장소에 있는 저 자신을 실제로 보았습니다. 택시를 타고 앉아서 다른 승객이 타기를 기다리다가 창밖 한 여자를 보며 온갖 더러운 상상을 했습니다. 그게 떠오르자 저는 부르짖었습니다.

'오 하나님! 제가 하나님을 거슬러 죄를 지었습니다.'

'너는 죄를 짓지 않았다! 너는 죄 가운데 살고 있다! 너는 낮부터 밤까지 그런 상상을 하며 살고 있다. 밤에 침대에서도 그런 죄를 즐기고 있다. 나는 너의 모든 순간을 알고 있다! 나는 너의 생각을 알고 있다. 너는 나를 두려워하지도 않는다. 심지어 교회에서도 설교단에 나를 섬기려고 서 있는 그 사람도 벌거벗기는 상상을 한다. 여자를 정욕의 눈으로 보는 자는 이미 간음을 한 것이라는 말씀을 읽어보지 못했느냐?'

그리고 내 상상이 어떻게 작동하는지를 보여주는 그림들이 지나가기 시작했습니다.

'주님 제가 죄로 넘어져 있었습니다. 그것이 제가 사는 방식이었습니다. 저는 아무도 그 죄를 보지 못하기에 죄 가운데도 편안했습니다.'

그러자 하나님이 말씀하셨습니다.

'내가 보고 있었다. 나는 마음을 살피는 하나님이다!'"[10]

이제, 우리가 생각한 것보다 얼마나 더 철저한 눈 돌리기가 필요한지 감이 잡히십니까?

사람은 매력적인 이성을 보면 주의 깊게 보고 다시 보고 싶은 본능이 있습니다. 그러나 죄를 이기려면 바로바로 눈 돌리기를 해야 합니다. 1999년 2월 8일, 예수님은 밥 존스 목사님에게 사람들이 어떻게 음란물에 둔감해지고 물들어 가는지를 환상으로 보여 주셨습니다. 그런데 음란물에 대한 주님의 정의는 사람들이 생각하는 것보다 훨씬 포괄적이고 많은 것들을 포함합니다. 주님은 매일 운전 중에도 음란물을 보고, 저녁 뉴스 시간이나 오락 프로그램 시청 중에도 음란물을 보고 있다고 지적하셨습니다. 세상의 문화가 너무 악하고 타락했기 때문에 일상적인 생활 중에도 무의식적으

---

10 http://cafe.daum.net/Bigchurch/LuI5/1337

로 음란한 것들을 보게 된다고 하셨습니다.[11]

옳은 지적입니다. 그러므로 운전하거나 길 가다가 노출이 심하거나 아름다운 여자를 보지 않는 것 정도를 눈 돌리기라고 생각하면 안 됩니다. 꼭 19금이 아니더라도, 필라테스나 텔레비전 광고나 홈쇼핑에 나오는 사람이 굉장히 매력적일 수도 있고, 텔레비전 채널을 돌리는데 초청된 게스트가 굉장히 매력적일 수도 있습니다. 그때도 즉시 눈 돌리기를 해야 합니다.

여러분은 어떤 프로를 좋아하십니까? 저는 「세계테마기행」이나 「걸어서 세계속으로」 같은 프로를 좋아합니다. 주로 다른 나라의 아름다운 자연을 보기 위해서 그것을 봅니다. 그런데 해수욕장을 보여주거나 굉장히 매력적인 여성을 보여줄 때가 있습니다. 상식이지만, 경치를 찍을 때 멋없는 것을 찍지는 않습니다. 사람을 찍을 때도 마찬가지입니다. 잘생긴 남자나 아름다운 여자가 있으면 배경과 함께 찍기 마련입니다. 그래서 저는 보다가 그런 장면이 나오면 바로 눈을 돌립니다.

또, 저는 뉴스를 보기 위해 거의 매일 인터넷에서 조선일

---

11 밥 존스 『너는 나의 친구라!』 변승우 엮음. 서울: 큰믿음출판사, 2009. p. 143.

보와 동아일보를 봅니다. 그런데 반드시 한두 개 정도 선정적인 기사와 사진이 올라옵니다. 사람을 많이 끌어들이기 위해 미끼로 올리는 것 같습니다. 특히, 조선일보는 아주 질이 안 좋습니다. 그래서 화가 나서 즐겨찾기에서 제외시켰다가, 뉴스는 보아야 할 것 같아서 다시 보고 있습니다. 그러나 그런 장면이 나오면 바로 스크롤을 내려서 눈 돌리기를 합니다. 여러분, 이처럼 눈 돌리기를 하되 대강대강 하지 말고 철저히 해야 합니다.

하나님께서 친히 존 물린디 목사님에게 지적하신 것처럼, 심지어 우리는 예배 중 설교자나 찬양팀을 상대로도 눈 돌리기를 해야 합니다. 그럴 정도로 예외 없이 24시간 내내 눈 돌리기를 해야 합니다. 그래야 진짜 눈 돌리기이고 효과가 있습니다.

이 말을 듣고 어떤 분들은 '아~ 어떻게 그렇게까지 하고 사나? 정말 그렇게까지 하고 살아야 하나?'라고 생각하실 것입니다. 그런 분들을 위해, 왜 반드시 이처럼 철저한 눈 돌리기를 해야 하는지 그 이유를 설명해 드리겠습니다.

저와 여러분이 죄를 이기고 말씀대로 살기 위해 성령을 의지하고 자기 몸을 쳐서 복종시키기로 결단하고 노력하면 그것이 되어야 합니다. 그런데 안 되는 분들이 많습니다.

그러면 왜 안 될까요? 또, 왜 처음에는 되는 것 같다가 일정 시간이 지나면 도루묵이 될까요? 왜 다시 주기적인 죄나 심지어는 습관적인 죄를 짓게 되는 것일까요? 어느 시대나 교회 안에 이 문제로 고민하는 사람들이 많습니다. 그들의 경우, 아무리 강하게 의지해도 당장은 되는 것 같은데 나중에는 안 됩니다. 또, 아무리 죄와 싸우겠다고 강하게 결단해도 당장은 되는 것 같은데 나중에는 안 됩니다. 아무리 강하게 성령을 의지하고 강하게 결단해도 나중에는 소용없음을 경험합니다. 이것이 다람쥐가 쳇바퀴를 도는 것처럼 되풀이됩니다. 그래서 '결심해도 안 돼. 의지하고 노력해도 안 돼. 도대체 어쩌라는 말인가?'라고 푸념하는 사람들이 많습니다. 설상가상으로, 그 이상의 비결을 가르쳐주는 설교도 없습니다. '성령을 의지해라', '결단하고 말씀대로 행하라'는 것뿐입니다. 도무지 출구가 보이지 않습니다. 그래서 "오호라 나는 곤고한 사람이로다! 이 사망의 몸에서 누가 나를 건져내랴?"(롬 7:24)라고 절망 속에서 울부짖는 사람들이 많습니다.

그러면, 왜 이런 일이 일어나는 것일까요? 왜 성령을 의지하고 결단하고 노력해도 처음에는 되는데 시간이 지나면 번번이 소용없게 되고 마는 것일까요?

그것은 눈 돌리기를 하지 않아서입니다. 잘 들으십시오! 우리가 평소에 철저한 눈 돌리기를 하지 않으면, 그 결과 성적인 자극들이 하나하나 모이고 쌓입니다. 그래서 우리 속에 정욕이 싹트고 자라갑니다. 그리고 서서히 자신이 컨트롤할 수 없는 강렬한 욕망으로 변합니다. 그렇게 되면 누구도 이길 수 없습니다. 왜냐하면 정욕의 힘이 우리의 의지보다 훨씬 강해졌기 때문입니다.

이처럼 우리가 아무것이나 보면 정욕이 강해집니다. 반대로, 성령을 의지하는 믿음과 말씀대로 살기로 한 결단은 약해집니다. 그러므로 우리가 처음 결단할 때와 이때의 의지는 같은 것이 아닙니다. 또, 철저한 눈 돌리기를 안 하고 살고 있을 때의 의지와 그것이 축적된 후의 우리의 의지는 결코 같은 것이 아닙니다. 왜냐하면 눈 돌리기를 하지 않아서 생기고 자라난 죄의 소원이 우리의 의지를 갉아먹고 무력화하기 때문입니다. 이것이 처음에 의지하고 결단할 때는 됐는데, 시간이 지나면 안 되는 이유입니다. 또, 주기적으로 죄를 짓는 악순환이 되풀이되는 이유입니다. 또한, 마치 늪에 빠진 것처럼 도무지 죄에서 빠져나올 수 없게 되는 이유이기도 합니다. 그리고 바로 이 사실에 답이 들어 있습니다.

그런데, 애석하게도 사람들이 이것을 모릅니다. 그래서 길

거리나 티비나 영화나 게임이나 인터넷이나, 심지어는 교회 안에서 예배를 드릴 때도 매력적인 이성이나 선정적인 것을 부주의하게 눈여겨봅니다. 그러면서 '예쁜 사람을 예쁘다고 생각하는 것은 죄는 아니니 괜찮아! 나는 그것을 넘어서서 어떤 성적인 공상도 하지 않을 거야. 또한, 절대 음란물들을 보지 않을 거야!' 이렇게 결심하고 괜찮다고 자위하며 살아갑니다. 그러나 이것이 바로 구멍이라는 것을 깨달아야 합니다!

물론 매력적인 이성을 보는 것은 죄가 아닙니다. 하지만 그때마다 사람은 일종의 자극을 받습니다. 그것이 쌓일수록 속에서 정욕이 일어나고 계속 강화됩니다. 그리고 일정 수준 이상이 되면, 자기 의지나 결단은 아무 소용이 없게 되고 게임 오버입니다! 이것이 바로 우리가 반드시 철저한 눈 돌리기를 해야 하는 이유입니다. 그러니 눈 돌리기를 해야겠습니까? 안 해도 되겠습니까? 반드시 해야겠지요!

이상 설명해드린 것처럼, 아무리 "나는 마음으로 성적 공상을 하지 않을 거야", 또는 "나는 절대로 음란물을 보지 않을 거야"라고 결단하고 여러 가지로 조심하고 노력해도 눈 돌리기를 하지 않으면 그 모든 각오와 노력이 물거품이 됩니다. 그런데 감사하게도, 이것은 반대로도 사실입니다!

우리가 눈 돌리기를 철저히 하면, 정욕이 절제가 불가능할 정도로 자라질 않습니다. 또, 뿌리가 없는 나무처럼 점점 힘을 잃어버립니다. 그래서 능히 이길 수 있게 됩니다.

전에, 흰 개와 검정 개의 내기 싸움에 대해 들어보신 적 있으시지요? "두 마리가 싸우면 누가 이깁니까?"라는 질문에 개 주인이 뭐라고 대답했습니까?

"내가 많이 먹이는 개요!"

그런데, 개만 그런 것이 아닙니다. 누구나 먹지 않으면 약해집니다. 정욕도 예외가 아닙니다. 그런데, 정욕은 보는 것과 생각을 먹고 삽니다. 때문에 눈 돌리기를 철저히 하면 굶고 약해질 수밖에 없습니다. 우리의 의지는 강해지고 정욕은 약해집니다. 그러니 못 이길 이유가 없지요! 또, 계속 그렇게 하면 나중에는 정욕이 죽습니다. 그래서 생시는 물론이고 꿈에서도 죄를 짓지 않게 됩니다. 여러분, 이것을 믿으십시오. 그리고 꼭 눈 돌리기를 하시기 바랍니다.

이제, 여러분 모두 왜 반드시 철저한 눈 돌리기를 해야 하는지 이해하셨을 것입니다. 그렇다면, 들은 것에서 멈추지 말고 오늘부터 눈 돌리기를 시작하십시오. 사람에게는 약점이라고 할 수 있는 '얽매이기 쉬운 죄'가 있습니다(히 12:1). 이것이 정욕인 분들은 남보다 더 철저히 눈 돌리기를 해야 합니다. 그래야 그 죄를 이길 수 있습니다.

끝으로, 여러분이 눈 돌리기를 안 하다가 하면 처음에는 쉽지 않습니다. 그러나 실제로 해보면 어렵지 않습니다. 눈 돌리기가 주는 안정감과 평화와 기쁨이 있기 때문입니다. 그래서 생각만큼 어렵지 않습니다. 그러므로 여러분 모두 용기를 내어 눈 돌리기를 시작하십시오. 그래서 마음이 청결한 자가 되어 저 무시무시한 지옥이 아니라 반드시 천국에 가는 여러분 되시기 바랍니다.

(2) 생각 돌리기!

많은 사람이 바울이 로마서 8장에서 죄를 이기는 비결을 다루면서 두 가지를 말했다고 생각합니다.

로마서 8:2 "이는 그리스도 예수 안에 있는 **생명의 성령의 법이 죄와 사망의 법에서 너를 해방하였음이라.**"

로마서 8:4 "**육신을 따르지 않고 그 영을 따라 행하는 우리에게 율법의 요구가 이루어지게 하려 하심이니라.**"

생명의 성령이 주시는 자유 즉 거듭남과 그 후 육신이 아니라 성령을 따라 행하는 것이 그것입니다. 그러나 한 가지가 더 있습니다. 그것은 성령을 따라 행하는 것에 속하는 것으로 생각을 통제하는 것입니다.

로마서 8:5-6 "**육신을 따르는 자는 육신의 일을, 영을 따르는 자는 영의 일을 생각하나니 육신의 생각은 사망이요 영의 생각은 생명과 평안이니라.**"

바울이 말한 대로, 육신을 따르는 자는 육신의 일을, 영을 따르는 자는 영의 일을 생각합니다. 그런데, 이것은 반대로도 사실입니다. 우리가 육신의 생각을 하면 육신을 따르게 되고, 영의 생각을 하면 성령을 따르게 됩니다. 그 증거로, 바울은 4절에서 "육신을 따르지 않고"라고 말했습니다. 또, 5절에서는 "육신을 따르는 자는 육신의 생각을 한다"고 했습니다. 이것이 곧 육신을 따르는 것입니다. 그러니 우리가 육신을 따르지 않으려면 어떻게 해야 할까요? 육신의 생각을 즉시 물리쳐야 합니다. 이것이 육신을 따르지 않을 수 있는 첫걸음이자 비결입니다. 그러므로 우리가 죄를 이기고 말씀대로 살려면 눈 돌리기를 잘할 뿐 아니라 반드시 생각 돌리기를 해야 합니다.

그러나 학자들은 견해가 다릅니다. 몇 가지 예를 들어드리지요! 먼저, 존 스토트는 5절에 대해 이렇게 썼습니다.

> "사람들이 그와 같이 생각하기 때문에 그와 같이 된다는 것이 아니라 ― 부분적으로는 맞는 말이기는 하지만 ― 그들이 그와 같기 때문에 그와 같이 생각한다는 것이다. 여기에 쓰인 표현들은 묘사적이다. 두 경우 모두 그들의 본성이 그들의 사고방식을 결정한다."[12]

또, 더글라스 무는 5절에 대해 이렇게 썼습니다.

> "바울이 이 일련의 대조를 추구하는 목적은 권면적인 것이 아니다. 즉 그는 그리스도인들에게 성령을 좇아 살라고 촉구하기 위해 그들 앞에 있을 수 있는 다른 두 개의 상황에 관해 경고하고 있는 것이 아니다. 바울은 그런 촉구를 여기서 쓴 것과 비슷한 말로 분명히 하기는 한다(갈 5:16-26절을 참조하라). 그러나 우리가 주목했듯이 육신에 있는 것(8절)은 신자에게는

---

[12] 존 스토트 『로마서 강해』 정옥배 옮김. 서울: 한국기독학생회출판부, 1996. p. 291.

있을 수 있는 일이 아니며, 여기에 명령법이 전연 없다는 점과 일반 3인칭의 어투로 돼있다는 점까지 감안할 때, 우리는 여기서 바울의 관심이 권면에 있는 것이 아니라 묘사에 있다고 자신 있게 결론지을 수 있다."[13]

또한, 토마스 슈라이너도 5-6절의 '생각'이라는 단어 "'프로네인'과 '프로네마'"에 대해 이렇게 썼습니다.

"이 동사는 '이런 방식의 사고와 삶을 채택하다'를 의미하는 권고 방식으로도 사용될 수도 있다(롬 11:20, 12:3, 16, 고후 13:11, 빌 2:2, 5, 3:15, 4:2, 골 3:2). 하지만 **로마서 8장 5절-7절은 권고가 아니라 육신에 속한 자의 생각과 영에 속한 자의 생각에 대한 묘사를 한다**(마 16:23, 막 8:33, 14:6, 고전 13:11, 빌 1:7, 4:10에 나오는 동사와 명사를 참조하라). **영을 따르는 삶을 살라는 권고는 로마서 8장 5절-8절에는 나오지 않는다.** 바울은 육신과 영을 따르는 자들의 실제적인 생각을 서술한다. 이것은 신자들이 육신과 싸우는 것을 부정하는 것이 아니라, 5절-8절에 투쟁의 의미를 부여해서는 안 된다는 것이다."[14]

---

13 더글라스 무 『NICNT 로마서』 손주철 옮김. 서울: 솔로몬, 2011. p. 666.
14 토마스 슈라이너 『BECNT 로마서』 배용덕 옮김. 서울: 부흥과개혁사, 2013. p. 496.

이처럼 학자들은 '사람이 그런 생각을 하기 때문에 그렇게 되는 것이 아니라 그런 사람이기 때문에 그런 생각을 한다'고 지적합니다. 이 구절들이 단지 묘사나 서술이고 어떤 권면이나 명령의 요소도 없다고 합니다. 그래서 생각 돌리기의 성경적인 근거가 무너져버립니다.

사실, 저는 이미 2021년도에 생각이 죄를 이기고 말씀대로 살 수 있느냐 못 사느냐를 좌우한다는 것을 깨달았습니다. 그때 깨달은 것을 녹취함과 동시에 생각에 대해 설교한 것 중 자료가 될 만한 것들을 모았습니다. 그것이 60페이지 정도 됩니다. 저는 생각에 대한 설교가 지극히 중요하다고 판단했고, 주석들도 읽고 많은 연구를 한 후 그것을 설교하려고 마음먹었습니다.

그런데 왜 못 했는지 아십니까? 방금 소개한 학자들의 글 때문이었습니다. 저는 제 설교가 철두철미하게 성경적이길 원합니다. 그런데 학자들이 쓴 주석들을 읽은 후 이런 생각이 들었습니다.

'그렇다면 바울이 여기서 생각 돌리기를 말하고 있는 것이 아니네. 나는 그것을 말하고 있다고 보았는데… 아무리 중요하다고 생각되고 그럴듯해도 성경에서 그것을 말하고

있는 것이 아니라면 그것을 설교할 수는 없어!'

그래서 덮었습니다. 그 후, 수년째 썩히고 있었습니다.

그런데, 이번에 그 구절들을 다시 연구하면서 학자들이 전체를 폭넓게 보지 않고 일부를 정확하게 보는 데서 멈췄다는 것을 알았습니다. 그들은 5-6절을 육의 생각을 하면 육신을 따르는 자가 되고 영의 생각을 하면 성령을 따르는 자가 되는 것이 아니라, 육신을 따르는 사람이기 때문에 육의 생각을 하고 영을 따르는 사람이기 때문에 영의 생각을 하는 것이라고 설명합니다. 맞는 말입니다. 그러나 문제는 그들이 거기서 멈췄다는 것입니다. 그래서 이 구절들을 포괄적으로 이해하지 못하고 생각이라는 지극히 중요한 설교를 하는 데 방해와 걸림돌이 되어버렸습니다.

5-6절이 서술인 것은 맞습니다. 그런데 그 서술을 여기서 왜 했을까요? 4절에서 13절까지 넓게 보면, 육신이 아니라 성령을 따라 행해야 한다는 것을 설명하기 위해서입니다. 성경은 한두 구절이 아니라 문맥을 통해서 보아야 합니다. 그런데 4절에 보면 "육신을 따르지 않고 그 영을 따라 행하는 우리에게 율법의 요구가 이루어진다"고 했습니다. 여기서 "행하는"이라는 단어는 능동태입니다. 그러므로 저절로

되는 것이 아니라 우리가 그렇게 해야 합니다(갈 5:16절 참조). 그런데 어떻게 해야 육신을 따르지 않을 수 있을까요? 또, 어떻게 해야 영을 따라 행할 수가 있을까요? 저는 5절이 서술일 뿐 아니라 바로 그 비결을 포함하고 있다고 생각합니다. 왜냐하면 우리가 육신을 따르지 않으려면 육신의 생각을 거절해야 합니다. 또, 영을 따라 행하려면 영의 생각을 하고 따라가야 합니다. 영의 생각을 따르는 것이 곧 그것을 일으키신 성령을 따라 행하는 것입니다. 어떻습니까? 여기까지 생각해보면, 5-6절이 서술형이니 서술일 뿐이고 권면이나 명령과 무관하다고 보는 것이 너무 좁은 시각이라는 생각이 들지 않나요?

또, 바울은 그 뒤 12-13절에서 이렇게 말했습니다.

"그러므로 형제들아 **우리가 빚진 자로되 육신에게 져서 육신대로 살 것이 아니니라. 너희가 육신대로 살면 반드시 죽을 것이로되 영으로써 몸의 행실을 죽이면 살리니**"

여기서, 여러분에게 묻겠습니다. 어떻게 육신에게 져서 육신대로 살지 않을 수 있습니까? 비결이 무엇일까요? 바로 육신의 생각을 하지 않고 그것을 물리치는 것입니다. 또, 우리가 어떻게 영으로써 몸의 행실을 죽일 수가 있을까요? 그것도 육신의 생각을 물리치고 영의 생각을 함으로써입니다. 다시 말하지만, 학자들은 5-6절이 서술이고 명령이 아니라고 말합니다. 그러나 4절과 연결해보면 명령과 무관하지 않습니다. 또, 12-13절까지 보아도 마찬가지입니다. 그 둘 사이에 5-6절이 위치해 있습니다. 인클루지오 구조지요. 때문에 결과적으로 육신이 아니라 성령을 따르고 영으로써 몸의 행실을 죽여야 할 것을 설명하기 위해 바울이 이 구절들을 말했다고 보는 것이 가능해집니다. 그러므로 저는 실제로 육의 생각을 바로바로 물리치는 것이 죄를 이기고 승리하는 비결이라고 생각합니다.

또한, 실제로 육의 생각을 죽여야 몸의 행실을 죽일 수 있습니다. 그것이 골로새서 3장에 잘 나타나 있습니다.

골로새서 3:1-6 "그러므로 너희가 그리스도와 함께 다시 살리심을 받았으면 **위의 것을 찾으라**. 거기는 그리스도께서 하나님 우편에 앉아 계시느니라. **위의 것을 생각하고 땅의 것을 생각하지 말라**. 이는 너희가 죽었고 너희 생명이 그리스도와 함께 하나님 안에 감추어졌음이라. 우리 생명이신 그리스도께서 나타나실 그 때에 너희도 그와 함께 영광 중에 나타나

리라. **그러므로 땅에 있는 지체를 죽이라.** 곧 음란과 부정과 사욕과 악한 정욕과 탐심이니 탐심은 우상 숭배니라. 이것들로 말미암아 하나님의 진노가 임하느니라."

이 안에는 세 가지 명령이 있습니다. 먼저, 바울은 1절에서 "위의 것을 찾으라."고 명령했습니다. 이어서, 2절에서 "위의 것을 생각하고 땅의 것을 생각하지 말라."고 명령했습니다. 그 뒤, 5절에서 "그러므로 땅에 있는 지체를 죽이라."고 명령했습니다. 그런데 우리가 어떻게 위의 것을 찾을 수 있습니까? 위의 것을 생각하고 땅의 것을 생각하지 않음으로써입니다. 또, 우리가 어떻게 땅에 있는 지체를 죽일 수 있습니까? 역시, 위의 것을 생각하고 땅의 것을 생각하지 않음으로써입니다. 그것이 전부는 아니지만 적어도 첫 단추입니다. 그러므로 실제로 생각을 조기에 커트하는 것이 몸의 행실을 죽이고 죄를 이길 수 있는 비결인 것입니다.

오해하지 마십시오. 저는 지금 5절 이하의 문장이 문법적으로 서술형이라는 것을 부정하고 있는 것이 아닙니다. 그것은 분명히 서술입니다. 그럼에도 불구하고, 바울은 12절에서 "그러므로"로 시작해서 그 서술형들의 결론을 내렸습니다. 그 안에 "육신에게 져서 육신대로 살 것이 아니니라"라는 권면이 들어 있습니다. 또, 13절은 '가르' 즉 '왜냐하면'으로 시작하면서 그 결론의 내용에 "육신대로 살면 반드시 죽는다"는 경고가 들어가 있습니다. 그러므로 앞의 내용들이 서술형은 맞더라도 '권면을 담은 혹은 권면을 위한 서술'이라고 보아야 합니다. 그렇기 때문에 저는 5-6절이 권면이나 명령과 무관한 것이 아니라고 생각합니다.

또, 저는 다음과 같은 사실이 이와 같은 저의 생각을 뒷받침해 준다고 생각합니다. 바울은 5-6절에서 "육신을 따르는 자"와 "성령을 따르는 자" 둘로 구분했습니다. 또, 9절에서는 "만일 너희 속에 하나님의 영이 거하시면 너희가 육신에 있지 아니하고 영에 있나니 누구든지 그리스도의 영이 없으면 그리스도의 사람이 아니라"라고 했습니다. 때문에 학자들은 이것이 신자와 불신자를 비교한 것이고, 불신자는 육의 일을 신자는 영의 일을 생각한다는 것을 서술한 것이라고 생각합니다.

그러나 로마서 7장을 생각해 보십시오. 7-13절도 실제로 불신자의 상태 아닙니까? 15-25절도 마찬가지입니다. 그런데 이것이 불신자와만 관계가 있는 것이 아닙니다. 신자들에게 율법 조문의 묵은 것으로 섬기면 안 된다는 것을 보여 주는 것입니다. 저는 8장 5-6절에 나오는 불신자에 대한 부분도 마찬가지라고 생각합니다. 그 부분이 불신자의 상태를 묘사한 것은 사실이지만, 동시에 신자들에게 그들처럼 육신의 생각을 허용하면 안 된다, 그러면 그들처럼 육신을 따르는 자가 되고, 결국 사망이라는 경고를 포함하고 있다고 생각합니다.

무엇보다, 성경이 생각에 대해 뭐라고 말씀하시는지 살펴보십시오. 그러면 로마서 8장 5-6절이 단지 서술이 아니라 생각을 조심하라는 권면을 포함하고 있다는 제 말이 더 깊게 공감이 되실 것입니다.

> 이사야 55:7 "악인은 그의 길을, 불의한 자는 그의 생각을 버리고 여호와께로 돌아오라. 그리하면 그가 긍휼히 여기시리라. 우리 하나님께로 돌아오라. 그가 너그럽게 용서하시리라."

> 예레미야 4:14 "예루살렘아 네 마음의 악을 씻어 버리라. 그리하면 구원을 얻으리라. 네 악한 생각이 네 속에 얼마나 오래 머물겠느냐?"

> 예레미야 6:19 "땅이여 들으라. 내가 이 백성에게 재앙을 내

리니 이것이 그들의 생각의 결과라. 그들이 내 말을 듣지 아니하며 내 율법을 거절하였음이니라."

잠언 23:7 "대저 그 마음의 생각이 어떠하면 그 위인도 그러한즉 … "

마가복음 7:20-23 "또 이르시되 사람에게서 나오는 그것이 사람을 더럽게 하느니라. 속에서 곧 사람의 마음에서 나오는 것은 악한 생각 곧 음란과 도둑질과 살인과 간음과 탐욕과 악독과 속임과 음탕과 질투와 비방과 교만과 우매함이니 이 모든 악한 것이 다 속에서 나와서 사람을 더럽게 하느니라."

빌립보서 3:19 "그들의 마침은 멸망이요 그들의 신은 배요 그 영광은 그들의 부끄러움에 있고 땅의 일을 생각하는 자라."

골로새서 3:1-2 "그러므로 너희가 그리스도와 함께 다시 살리심을 받았으면 위의 것을 찾으라. 거기는 그리스도께서 하나님 우편에 앉아 계시느니라. 위의 것을 생각하고 땅의 것을 생각하지 말라."

이로 보건대, 로마서 8장 5-6절에 대한 제 견해가 옳고 그름을 떠나 생각 돌리기를 해야 죄를 이기고 말씀대로 살 수 있다는 것은 자명한 진리입니다. 그러므로 안심하고 받아들이시고 실제로 신앙생활에 적용하시기 바랍니다.

흔히, 사람들은 생각은 자유라고 말합니다. 그러나 절대로 그렇지 않습니다.

> 로마서 8:5-6 "육신을 따르는 자는 육신의 일을, 영을 따르는 자는 영의 일을 생각하나니 **육신의 생각은 사망이요, 영의 생각은 생명과 평안이니라.**"

이처럼 생각은 생사를 좌우합니다. 그것도 영생과 영벌을 좌우합니다. 그러므로 결코 자유가 아닙니다. 따라서 아무렇게나 생각나는 대로 생각하며 살면 절대로 안 됩니다.

사무엘 스마일즈는 "생각을 심으면 행동을 거두고, 행동을 심으면 습관을 거두고, 습관을 심으면 성격을 거두게 된다"는 유명한 말을 했습니다. 그러나 거기서 멈춘 것이 너무 아쉽습니다. 왜냐하면 성경에 의하면 생각은 우리의 성격뿐 아니라 미래와 심지어 영원한 운명을 결정하기 때문입니다. 그러므로 다시 말하지만 생각은 절대로 자유가 아닙니다.

그런데, 안타깝게도 너무도 많은 사람들이 생각은 자유라고 착각하고 삽니다. 생각을 통제하지 않고 있습니다. 그 상태에서 죄를 이기고 말씀대로 살겠다고 결심하고 노력합니다. 그래서 많은 이들이 아무리 결심하고 노력해도 죄를 이기지 못하는 것입니다.

> 욥기 15:35 **"그들은 악한 생각을 배고 불의를 낳으며** 마음에 궤휼을 예비한다 하였느니라."

이 구절이 보여주듯이 악한 생각은 죄를 임신한 것과 같습니다. 임신한 여인이 때가 되면 아기를 낳을 수밖에 없는 것처럼 악한 생각도 때가 되면 필연적으로 불의를 낳습니다(약 1:15).

생각은 마귀가 뿌리는 씨이고 생각을 통해 죄가 잉태됩니다. 생각 돌리기를 철저히 하면 죄가 잉태되거나 자랄 수 없습니다. 그래서 죄가 힘을 얻어 우리를 지배할 수가 없고, 죄 문제는 해결됩니다. 우리가 매일 생각 돌리기를 철저히 생활화하면 죄 된 말이나 행동은 사라집니다. 이것이 죄를 이길 수 있는 중요한 비결 중의 하나입니다. 그러므로 이기는 자가 되려면 반드시 생각 돌리기를 해야 합니다.

여러분도 아시겠지만, 토마스 아 켐피스는 『그리스도를 본받아』라는 책에서 이런 말을 했습니다.

"시험을 당하고 있을 때는 처음부터 특별히 주의를 기울여야 합니다. 모든 지혜를 기울여서 적이 우리의 마음의 문 안으로 들어오지 못하게 막는다면 적을 훨씬 쉽게 물리칠 수 있으며 처음 문을 두드리자마자 내쫓아 버리도록 해야 합니다. 그러므로 어느 시인은 '처음에 항거하라. 때가 늦으면 극복하기 힘들리라'라고 말하고 있습니다. 처음에는 악한 생각이 마음 속으로 스며들고 다음에는 그에 대한 생생한 상상이 떠오르며 마침내는 이를 즐기고 악한 행동을 하면서 악에 동참하게 되는 것입니다. 이렇게 해서 우리의 사악한 적은 처음부터 굴복되지 아니하면 조금씩 조금씩 완전히 침입해 들어오는 것입니다. 항거를 게을리하면 할수록 적은 더더욱 강해지고 사람은 자꾸만 약해져서 마침내 원수에게 지고 마는 것입니다."[15]

---

15 토마스 아 켐피스 『그리스도를 본받아』 박명곤 옮김. 서울: 크리스천 다이제스트사, 1984. p. 64.

그러므로 죄와 싸울 때 가장 중요한 전략은 바로 '초전박살!'입니다. 우리가 죄와 싸우면서 악한 말과 악한 행동하고만 싸우면 승산이 없습니다. 그 이전에, 악한 생각과 싸워야 합니다. 비유컨대, 악한 말과 악한 행동과 싸우는 것은 청년이나 어른과 싸우는 것과 같고, 악한 생각과 싸우는 것은 갓난아기와 싸우는 것과 같습니다. 죄는 생각일 때 가장 약하고 말이 되면 강해지고 행동이 될 때 가장 강합니다. 그러므로 입술에 파수꾼을 세우거나 죄 된 행동과 싸우는 것만 가지고는 안 됩니다. 반드시 마음에 파수꾼을 세워야 합니다.

잠언 4:23 **"모든 지킬 만한 것 중에 더욱 네 마음을 지키라. 생명의 근원이 이에서 남이니라."**

우리는 반드시 자기 마음을 악한 생각들로부터 지켜야 합니다. 그렇게 하면 죄를 이기는 것이 결코 어렵거나 불가능하지 않습니다. 그러므로 여러분 모두 믿고 해보시기 바랍니다.

한편, 생각 돌리기의 절대적인 필요성과 중요성을 가장 극적으로 그리고 가장 잘 보여주는 것은 케네스 해긴 목사님의 책들입니다. 해긴 목사님이 쓴 『사단, 귀신 및 귀신들림』

이라는 책에 보면 이에 관한 가장 대표적인 간증이 나오는데, 지극히 중요하기 때문에 긴 내용이지만 요약해서 소개해 드리겠습니다.

"귀신의 네 가지 계급

예수님께서는 … 바울이 에베소서 6:12에서 말한 것을 내게 상기시켜 주셨다.

'우리의 씨름은 혈과 육을 상대하는 것이 아니요 통치자들과 권세들과 이 어둠의 세상 주관자들과 하늘에 있는 악의 영들을 상대함이라.'

귀신들, 곧 악한 영들에게는 네 개의 계급이 있다고 예수님께서 말씀하셨다. (1) 통치자들, (2) 권세들, (3) 이 어둠의 세상 주관자들, (4) 하늘에 있는 악의 영들.

우리가 이 땅에서 처리해야 하는 귀신의 가장 높은 유형은 **'이 어둠의 세상 주관자들'**이라고 예수님께서 설명하셨다. 온 세상이 어둠 가운데 있다고 성경이 말한다는 사실에 대해 예수님께서 시간을 들여서 내게 말씀하셨다.

그렇지만 성경은 골로새서 1:13에서 말하기를, 아버지께서 우리를 흑암의 권세에서 건져내셨다고 했다. '그가 우리를 흑암의 권세에서 건져내사 그의 사랑의 아들의 나라로 옮기셨으니.'

… 주님께서는 계속 내게 말씀하시기를, 모든 구원받지 못한 자들은 그들이 누구이든 상관없이 어둠의 나라에 속해 있다고 하셨다. 그들은 인정하고 싶든 말든, 악한 영들의 지배를 받거나 영향을 받는다고 말씀하셨다. …

'이 어둠의 주관자들'이 가장 영리한 유형의 영들이라고 예수님께서 말씀하셨다. 그들은 다른 영들을 지배하고 그들에게 어떻게 하라고 지시한다. 구원받지 못한 자들을 지배하는 것 외에, 그들은 어둠 가운데 행하려는 그리스도인들을 지배한다.

이 영들이 어떻게 사람들을 장악하는지 주님께서 내게 보여 주시겠다고 하셨다. 때로는 그들이 마침내는 사람들을 점유하는데, 심지어는 허락을 할 경우 하나님의 자녀들까지도 점유한다고 주님께서 말씀하셨다. …

점유가 어떻게 역사하는가?

그날 밤 환상 가운데서 나는 한 번 만난 적이 있는 한 여자를 보았다. … 예수님께서 그녀는 주님의 종이라고 하셨다. 그녀는 목회사역에 한 부분을 맡고 있었는데, 그때 마귀가 왔다. … 그것이 그녀의 오른쪽 어깨 위에 앉아서 그녀의 귀에다 대고 속닥거리는 것 같았다. 그녀는 그리스도인이었으며, 마귀는 그녀의 속에 들어가지 않았다. 밖에 있었다(그러나 마귀는 밖에서 역사하여 안으로 들어가려고 할 것이다).

예수님께서 이 이야기를 하실 때, 이 귀신이 그 여자에게 그녀가 아름답다고 말했지만, 그녀는 그 말에 속은 채 살아온 적이 한 번도 없었다고 예수님께서 말씀하셨다. 마귀는 그녀가 세상에서 명예와 부와 인기를 얻을 수 있었을 것이라고 그녀에게 말했다.

그 여자는 이게 마귀라는 것을 알고, 사단에게 뒤로 물러가라 했다고 예수님께서 말씀하셨다. 그 귀신이 잠시 떠났다고 말씀하셨다. 내가 보니 그것이 급히 내려와 그녀를 떠났다.

그러나 잠시 후에 그것이 다시 와서 귀에 대고 그녀가 아름다운 여인이라고 속삭였다. 마귀는 다시 그녀에게 말하기를, 그녀가 세상에서 명예와 인기와 부를 얻을 수 있었을 것이라고 했다.

예수님께서는 그녀가 사단의 제안을 받아들이기 시작했다고 하셨다. **여기서 우리는 중요한 것을 배울 수 있다. 마귀가 당신 안에 들어갈 수 있는 유일한 통로는 당신의 생각(mind)이다. 당신의 생각이 당신의 영으로 통하는 문이다. 사단의 최대 무기 중 하나는 제안이다.** …

예수님께서 말씀하시기를, 이 여자는 자기가 아름답다는 마귀의 제안을 받아들이기 시작했다고 하셨다. 그녀는 자기가 아름답다고 생각하기를 좋아했다. … 자기가 속아서 살아왔다고 생각했다. 자기가 빼앗기며 살아왔다고 생각했다. 자기가 세상에서 명예와 부를 가질 수 있었을 것이라 생각했다.

　내가 말한 대로, 그녀는 아주 뛰어난 여자였다. 그녀가 교회 집회에서 노래하는 것을 들은 적이 있다. … 만일 그녀가 예배에 지각하여 늦게 나올 경우, 남녀를 불문하고 그녀를 쳐다보지 않을 수 없었다. 그녀에게는 그런 '뭔가'가 있었다.

　그 환상에서 그녀는 갑자기 투명한 유리같이 되었다. 그리고 머리에 검은 점같이 보이는 뭔가가 보였다. 크기가 50센트 은화만 했다.

　예수님께서 말씀하시기를 '**그녀는 지금 바로 저런 생각에 잡혀있다**'고 하셨다. '그러나 너무 늦은 건 아니다. 아직도 그녀가 어떤 조치를 취할 수 있을 것'이라고 말씀하셨다.

　우리는 하나님의 생각대로 생각해야 한다. 그 여자는 여전히 하나님의 자녀였다. 그녀는 원하기만 하면 그런 생각을 그녀의 사고에서 제거할 수 있었을 것이다. 그녀는 그 생각을 거부할 수 있었다. 하지만 그녀는 그와 같이 생각하고 싶어 해서 계속 그대로 했다. … 생각은 들어가고 나갈 수 있다. 그러나 행동이나 말로 옮겨지지 않은 생각은 태어나지 못한 채 사라진다.

당신은 이렇게 말할지 모른다.

'나는 내 생각을 컨트롤할 수 없어.'

아니다. 마귀가 당신의 영을 장악하지 않는 한 충분히 컨트롤 할 수 있다.

예수님께서 내게 말씀하시기를, 이 여자는 자신의 영으로부터 이렇게 말할 수 있었을 것이라고 하셨다.

'나는 그와 같은 생각을 하지 않을 거다. 사단아, 나는 너를 대적한다. 예수의 이름으로 내가 너를 꾸짖노니 나를 떠나라!'

아시겠지만, 마귀가 당신의 영에 들어오려고 할 경우, 그는 당신의 생각(mind)을 통해 들어와야 할 것이다. 나는 믿는 신자들을 가리켜 말하는 것이다. …

성경은 우리에게 상상이나 추론을 무너뜨리라고 말한다. 하나님 아는 것을 대적하여 높아진 것들을 무너뜨리고, 모든 생각을 사로잡아 그리스도에게 복종하게 하라고 말한다(고후 10:5).

하나님께서 우리가 할 수 없는 일을 하라고 하셨는가? 아니다. 그렇게 하지 않으셨다. 그러므로 '나는 할 수 없다'라는 말을 하지 말라." [16]

---

[16] 케네스 E. 해긴 『사단, 귀신 및 귀신들림』 오태용 옮김. 서울: 베다니, 2017. pp. 34-40.

또, 이 책에는 생각 돌리기의 절대적인 중요성을 보여주는 두 가지 간증이 더 나옵니다. 첫 번째 간증은 이러합니다.

"예수님께서 믿는 자들(믿지 않는 자들이 아니고; 그들은 이미 사단의 지배하에 있으니까)에 관해 내게 말씀하셨다.

'세상에서 마귀가 믿는 자들의 영 속에 들어갈 수 있는 유일한 통로는 그의 생각(mind)이다.'

예수님께서 말씀하셨다. '바로 그게 사단이 하와 속에 들어갔던 방법이다. 사단이 이렇게 말했지. '하나님이 참으로 너희에게 동산 모든 나무의 열매를 먹지 말라 하시더냐?' 사단은 하와에게 그 열매를 보여주었다. 그녀는 그 열매가 좋아보였다. 그녀의 눈이 그녀의 머리에게 말했다. 그러자 **마귀가 한 생각, 한 질문, 한 의심을 그녀의 생각 속에 집어넣었다.** '왜 하나님께서 말씀하셨지? 네가 그것을 먹는 날에는 네가 하나님같이 될 것이기 때문이야.' 그리하여 사단의 말을 들었던 것이다.'

그리스도인들이여, 마귀가 들어가는 유일한 통로는 당신의 생각이다! … (그러므로) 사단의 생각과 제안에 생각의 문을 닫아두라."[17]

---

[17] 케네스 E. 해긴 『사단, 귀신 및 귀신들림』 오태용 옮김. 서울: 베다니, 2017. pp. 125-128.

또, 두 번째 간증은 이러합니다.

"그 다음에, 예수님께서 말씀하시기를 사람들이 신자라 할지라도 그들이 허락할 경우, 어떻게 귀신이 그들을 점유하는지 내게 보여주시겠다고 하셨다.

주님께서 환상 가운데 한 사람을 내게 보여주셨다.

나는 그 사람이 누구인지 알아보지 못했다. 악한 귀신이 하나 나와서 그 사람의 오른쪽 어깨 위에 앉은 것을 보았다. … 그 악한 귀신이 이 사람의 귀에 속삭이기 시작하자, 그 사람이 그의 생각을 즐기기 시작했다.

그 다음에는 환상 가운데서 그 사람이 마치 유리로 된 사람처럼 투명해졌다. 뭔가가 그의 머릿속으로 들어가는 것 같았다. 그것은 검은 점처럼 보였는데, 크기가 거의 야구공만 했다.

예수님께서 내게 말씀하시기를, 이것이 처음에는 그 사람을 공격하기 위해 외부에서 왔지만, 그가 그것에 귀를 기울이고 그것에 그의 마음(mind)을 열었기 때문에, 그것이 그의 생각 속에 들어갔다고 하셨다. 그는 눌림이 되었던 것이다.

그 다음에 내가 보니, 이 검은 점이 그 사람의 머리에서 내려와 그의 영으로 들어가는 것이었다. 주님께서 내게 말씀하시기를, 그것이 이제는 그를 완전히 점유했다고 하셨다.

그 다음에 내가 보니, 악한 귀신들 그룹 전체가 들어왔다. 내가 보니 그 첫 번째 귀신이 말하자면, 떼 지어 들어오는 이 모든 다른 귀신들을 위해 문을 열어두고 있었다. 어찌나 많은지 나는 그들 전부를 셀 수도 없었다. 그들은 거대한 파리 떼 같았다."[18]

여러분, 소름 끼치는 일이지요! 그런데 이것이 바로 생각 돌리기를 하지 않을 때 우리에게 일어나는 일입니다. 마치 거대한 댐이 작은 구멍을 통해 서서히 터지게 되는 것처럼 영계에서도 이런 일들이 계속 일어납니다. 그래서 생각 돌리기가 반드시 필요하고 중요한 것입니다.

성경에서 예수님은 속에서 나오는 생각이 사람을 더럽힌다고 하셨습니다.

마태복음 15:19-20 "마음에서 나오는 것은 악한 생각과 살인과 간음과 음란과 도둑질과 거짓 증언과 비방이니 이런 것들이 사람을 더럽게 하는 것이요. … "

마가복음 7:20-23 "또 이르시되 사람에게서 나오는 그것이

---

[18] 케네스 E. 해긴 『사단, 귀신 및 귀신들림』 오태용 옮김. 서울: 베다니, 2017. pp. 131-132.

사람을 더럽게 하느니라. 속에서 곧 사람의 마음에서 나오는 것은 악한 생각 곧 음란과 도둑질과 살인과 간음과 탐욕과 악독과 속임과 음탕과 질투와 비방과 교만과 우매함이니 이 모든 악한 것이 다 속에서 나와서 사람을 더럽게 하느니라."

이 두 구절에서 가장 먼저 나오는 '살인'과 '음란'을 비롯해서 이곳에 나오는 모든 죄들이 생각에서 시작됩니다. 그 외의 모든 죄들도 생각에서 시작됩니다. 사람은 생각이 없이 말하거나 도덕적인 행동을 할 수 없습니다. 그러므로 생각을 통제하면 존재하는 모든 죄들을 이길 수 있습니다. 그러나 너무나 많은 사람들이 이것을 놓칩니다. 이것이 그들이 성령을 의지하고 죄와 싸우며 노력해도 번번이 죄에게 패하는 이유입니다. 케네스 해긴 목사님은 『승리하는 교회』라는 책에서 이런 말을 했습니다.

"많은 믿는 사람들은 인생의 승리를 다른 방법으로 얻으려고 합니다. 그러나 그 영적인 전쟁은 주로 마음이나 육신과 해야 하는 것이고 믿음의 선한 싸움을 해야 한다는 것을 깨달아야 합니다.(딤전 6:12) …

육체를 잘 순종하게 하고 우리의 생각을 잘 통제하는 것은 그리스도의 몸에서 넓게 가르쳐지고 있는 일이 아닙니다. 그래서 많은 그리스도인들이 그들의 육체의 정욕을 그냥 제멋대로 하도록 내버려두고 통제하지 않고 있습니다. 많은 그리스도인들은 죄를 짓는 것에 대하여 마귀를 탓합니다. 그렇지만 그들이 자신들의 마음이나 육신을 잘 다스렸다면 그들은 절대로 죄를 짓지 않았을 것입니다. 그들은 사단이 그들을 죄에 빠지게 하였다고 주장할지 모르지만 사실은 사단은 열려 있는 문을 발견하고 그것을 통하여 그들의 삶에 들어올 수 있었던 것입니다. 그들은 잘못된 생각을 하였든지 혹은 그들의 육체를 십자가에 못 박지 않았던 것입니다. …

나는 마귀의 존재를 부인하는 것도 아니고 그가 우리의 적이 아니라고 말하는 것도 아닙니다. 그러나 믿는 자들이 하나님의 말씀으로부터 그의 생각과 육신을 통제하는 것을 배웠다면 그는 마귀에 대하여 놀라운 승리를 하는 데 아무런 어려움도 없을 것입니다. 왜냐하면 그는 이미 거의 2000년 전에 우리 주 예수 그리스도에 의하여 패배하였고, 능력을 빼앗겼고, 무력화되었고, 아무것도 아닌 것이 되었기 때문입니다."[19]

---

19 케네스 해긴 『승리하는 교회』 김진호 옮김. 용인: 믿음의 말씀사, 2007. pp. 297-298.

그러므로 마귀를 과대평가하지 마십시오. 그리고 신자에게 주어진 권세를 과소평가하지 마십시오. 믿는 자는 누구나 능히 마귀가 주는 생각들을 거부하고 물리칠 수 있습니다. 때문에 죄를 이기고 말씀대로 사는 것은 더 이상 능력의 문제가 아니라 성실성의 문제입니다. 그러므로 내게 능력 주시는 자 안에서 내가 모든 것을 할 수 있다는 것을 믿고 오늘부터 믿음을 가지고 생각 돌리기를 시작하십시오. 그러면 '기도해도 안 되고 아무리 노력해도 안 돼!'라고 여러분이 오래도록 느끼고 좌절케 한 죄악의 여리고성이 와르르 무너지는 것을 보게 되실 것입니다. 할렐루야!

이쯤에서, 동기부여를 위해 왜 생각 돌리기를 반드시 해야 하고 그것이 얼마나 효과적인지에 대해 하나 더 설명해 드리길 원합니다. 사람이 변화되려면 회개를 해야 됩니다. 그런데 회개가 무엇입니까? 헬라어로 '메타노이아'로 '생각을 바꾸다', '마음을 바꾸다'라는 뜻입니다. 이사야가 말한 대로 '불의한 자가 그의 생각을 버리고 여호와께로 돌아오는 것'(사 55:7)이 바로 회개입니다. 회개의 첫걸음은 죄를 끊는 것이 아닙니다. 생각을 바꾸는 것입니다. 악한 생각을 용납하지 않는 것입니다. 과거처럼 생각이 나는 대로 생각을 방치하고 사는 것이 아니라 악한 생각을 거부하는 것입니다.

그럼 죄를 끊는 것은 무엇일까요? 그것은 회개의 완성으로 회개에 합당한 일을 행하는 것입니다(행 26:20). 또는, 회개에 합당한 열매를 맺는 것입니다(마 3:8). 생각이 바뀌면 사람이 변화됩니다. 그 사람의 언행이 바뀌게 되어 있습니다. 그러므로 먼저 언행이 아니라 생각을 타겟으로 삼으십시오. 그 후 악한 생각이 떠오르면 삼 초 안에 초전박살 내십시오. 그러면 말과 행동이 바뀌게 되어 있습니다. 즉, 여러분 모두 변화가 됩니다!

한편, 제가 3대지에서 뭐라고 말했습니까? 설교를 듣고 변화되는 사람들이 많지만 설교를 많이 듣는다고 다 변화되는 것이 아니라고 했습니다. 또, 기도해서 변화되는 사람들이 많지만 기도 많이 한다고 다 변화되는 것이 아니라고 했습니다. 그러므로 우리의 의지를 새롭게 강화시키는 것에 초점을 맞추고 그것을 목적으로 설교를 듣고 기도해야 한다고 했습니다. 그래야 변화됩니다.

그런데, 눈 돌리기를 포함한 생각 돌리기도 마찬가지입니다. 어떤 사람들은 생각 돌리기를 하면 변화됩니다. 그러나 어떤 사람들은 생각 돌리기를 해도 변화가 안 됩니다. 그래서 이 설교를 듣고 '어? 나는 눈 돌리기와 생각 돌리기를 열심히 했지만 변화가 안 되던데!'라고 생각하실 수도 있습니다. 그런 사람이 의외로 많습니다.

　그러면 왜 생각 돌리기를 해도 변화가 안 되었을까요? 그것은 생각 돌리기가 아무리 중요해도 그것 하나로 죄를 이기고 말씀대로 살 수 있는 자로 변화되는 것이 아니기 때문입니다. 이것이 이 설교의 대지가 하나가 아니라 4개인 이유입니다. 차나 비행기가 달리거나 날아오르려면 엔진이 아무리 중요해도 그것만 있다고 되는 것이 아니라 다른 모든 기관이 필요합니다. 마찬가지로, 죄를 이기고 말씀대로 사는 것도 생각 돌리기 하나로 되지 않습니다. 성령을 의지하고 죄와 싸우겠다고 결단한 것을 넘어 날마다 그 결단을 하고, 그 결단을 기도로 강화시키고, 그것을 강화시키기 위한 목적으로 부지런히 은혜의 수단을 사용해야 합니다. 그러면서 생각 돌리기를 해야 합니다. 그래야 생각 돌리기를 계속할 수 있고, 시너지 효과가 나타나 동력이 더하기가 아니라 곱하기로 증가되어 변화가 되는 것입니다.

　그것을 제가 어떻게 아느냐고요? 성령께서 제게 가르쳐 주셨기 때문입니다. 또, 그것이 저의 경험이기 때문입니다. 또한, 그날 차 안에서 제가 이것을 녹음할 때 곁에 있던 이동기 목사님이 이렇게 말했습니다.

"목사님께서 생각 돌리기에 대해서 말씀하셨는데, 저도 과거에 그 중요성을 알고 시도를 했었습니다. 그런데도 원하는 만큼의 효과가 없어서 왜 잘 안 될까? 하고 고민했습니다. 그러던 어느 날 마태복음을 봤는데 악한 생각들이 마음과 연결되어 있었습니다. 그래서 '아 생각 돌리기가 마음을 건드리지 않으면 근본적으로 되지 않고 효과가 없는 거구나' 하고 깨달았습니다. 그러면서 '날마다 마음의 결단을 새롭게 하고, 절박한 가난한 심령과 애통과 갈망이 있어야 실제로 생각 돌리기를 통한 변화가 가능하겠구나' 하고 성경 본문 안에서 해답을 찾았었습니다. 그런데, 그것이 지금 담임목사님이 말씀하시는 것과 정확히 매치가 돼서 너무나도 잘 이해가 됩니다."

나아가서, 이동기 목사님의 고백뿐 아니라 이 설교를 듣고 성도님들이 단 댓글에도 그것이 분명히 나타나 있습니다. 많은 성도님들이 이 설교에서 하라는 대로 했더니 변화가 일어났다고 댓글로 간증했습니다. 그 중에, 특별히 인상적이고 깊이 공감이 되었던 것이 몇 가지 있습니다.

먼저, 이 시리즈 설교의 두 번째 설교를 한 후, 닉네임이 "거처를 그와 함께 하리라"인 분이 이런 댓글을 달았습니다.

"제가 처음 사랑하는교회에 와서 죄를 이기기 위해서 선포도 해보고 했던 여러 가지 중에 『종교개혁보다 나를 개혁하는 것이 더 중요하다!』 책에서 말씀하신 죄 된 생각이 순간 들어와도 재빨리 거부하는 것! 그것이 지금까지 가장 효과적이었습니다."

이것은 제가 죄를 이기는 비결로 제시한 핵심 중의 하나입니다. 그래서 눈에 띄었습니다.
그러나 더 제 눈에 띄었던 것은 지난주에 한 세 번째 설교를 듣고 두 분이 단 이런 댓글입니다.

의와 평강과 희락 "생각이 아무 곳이나 돌아다니려는 낌새가 보이면 무조건 사랑하는교회 설교를 틀어놓았습니다~ 진리를 무의식중에라도 듣고 있으면 어느 순간 생각이 주님께로 향하고 있고 쓸데없는 생각들이 사라져 있는 것을 경험합니다~ **지난주 설교와 이번 주 설교가 결합이 되어 어마어마한 돌파가 일어날 것이 너무 기대가 됩니다!**"

행복한 왕자님 "추천 도서 중 하나였던, 프란시스 프랜지팬 목사님의 『영적 전투의 세 영역』을 읽은 이후, 죄 된 생각이

드는 경우 3초 안에 거부하고 털어버리는 훈련을 계속해 왔습니다. 담임목사님의 말씀처럼, 그 생각을 털어버리면 아무 일도 없지만, 그 생각을 받아들이고 음미하게 되면, 거의 반드시 실제적인 죄를 범하게 되는 경우가 많았습니다.

생각의 영역에서의 전투만으로는 변화가 충분치 않아서 힘들었는데, 지난주의 말씀처럼 매일의 결단과 기도, 그리고 온전에 대한 분명한 목적을 매일 새롭게 하면서 생각을 통제하는 훈련을 하게 되자, 더욱 시너지 효과가 큰 것 같습니다. 실제적인 신앙 여정에 큰 도움을 주시는 목사님께 감사드립니다."

그때까지 아직 이것을 설명하지 않았는데, 어쩜 이렇게 찰떡같이 알아듣고 정확하게 깨달으시는지 저는 그것이 참으로 신기하고 감사했습니다. 옳습니다! 생각 돌리기 하나만 하면 그것으로는 부족할 수 있습니다. 그러나 4가지 대지를 통해 설명한 것들을 동시에 하면 생각 돌리기를 지속할 수 있고 시너지 효과가 일어나 여러분 모두 변화될 수 있습니다. 그러니 "나는 1대지처럼 해 봤는데, 안 되던데!", "나는 2대지처럼 해 봤는데, 안 되던데!", "나는 3대지처럼 해 봤는데, 안 되던데!", "나는 4대지처럼 실제로 눈 돌리기와 생각 돌리기를 해 보았지만 안 되던데!"라고 말하지 마십시오. 그때 안 된 것은 네 가지를 함께 하지 않았기 때문입니다. 그러나 이제라도 네 가지를 함께 하면 무조건 됩니다. 그러므로 여러분 모두 4가지를 함께 하십시오. 그리하여 이기는 자가 되어 천국에 갈 뿐 아니라 땅에서도 복을 받고 귀하게 쓰임 받는 여러분 되시기 바랍니다. 할렐루야!

결론을 말씀드리겠습니다. 하나님을 섬길 때 구약시대에는 옛 언약, 신약시대에는 새 언약을 통해서 해야 합니다. 그런데 예레미야는 새 언약에 대해 이렇게 예언했습니다.

> 예레미야 31:31-33 "여호와의 말씀이니라. 보라 날이 이르리니 내가 이스라엘 집과 유다 집에 새 언약을 맺으리라. 이 언약은 내가 그들의 조상들의 손을 잡고 애굽 땅에서 인도하여 내던 날에 맺은 것과 같지 아니할 것은 내가 그들의 남편이 되었어도 그들이 내 언약을 깨뜨렸음이라. 여호와의 말씀이니라. 그러나 그날 후에 내가 이스라엘 집과 맺을 언약은 이러하니 곧 **'내가' 나의 법을 그들의 속에 두며 그들의 마음에 기록하여** 나는 그들의 하나님이 되고 그들은 내 백성이 될 것이라. 여

호와의 말씀이니라."

또, 에스겔은 이렇게 예언했습니다.

에스겔 36:24-27 "'**내가**' 너희를 여러 나라 가운데에서 인도하여 내고 여러 민족 가운데에서 모아 데리고 고국 땅에 들어가서 **맑은 물을 너희에게 뿌려서 너희로 정결하게 하되** 곧 너희 모든 더러운 것에서와 모든 우상 숭배에서 너희를 정결하게 할 것이며 또 새 영을 너희 속에 두고 새 마음을 너희에게 주되 너희 육신에서 굳은 마음을 제거하고 부드러운 마음을 줄 것이며 또 내 영을 너희 속에 두어 너희로 내 **율례를 행하게 하리니** 너희가 내 규례를 지켜 행할지라."

또한, 그들은 이스라엘 백성들에게도 이렇게 예언했습니다.

예레미야 32:37-41 "보라 내가 노여움과 분함과 큰 분노로 그들을 쫓아 보내었던 모든 지방에서 그들을 모아들여 이곳으로 돌아오게 하여 안전히 살게 할 것이라. 그들은 내 백성이 되겠고 나는 그들의 하나님이 될 것이며 '**내가**' 그들에게 한

마음과 한 길을 주어 자기들과 자기 후손의 복을 위하여 항상 나를 경외하게 하고 내가 그들에게 복을 주기 위하여 그들을 떠나지 아니하리라 하는 영원한 언약을 그들에게 세우고 **나를 경외함을 그들의 마음에 두어 나를 떠나지 않게 하고** 내가 기쁨으로 그들에게 복을 주되 분명히 나의 마음과 정성을 다하여 그들을 이 땅에 심으리라."

에스겔 11:19-20 "**'내가' 그들에게 한 마음을 주고 그 속에 새 영을 주며 그 몸에서 돌 같은 마음을 제거하고 살처럼 부드러운 마음을 주어 내 율례를 따르며 내 규례를 지켜 행하게 하리니** 그들은 내 백성이 되고 나는 그들의 하나님이 되리라."

여기서 주목할 것은 "내가"라는 단어입니다. 즉, 하나님께서 친히 우리를 변화시켜 주시겠다는 약속입니다. 이것 때문에 '우리는 죄를 이기고 말씀대로 살 수 없다. 그래서 구약시대 때 율법을 지키는 것에 실패했다. 그러나 새 언약 시대에는 하나님이 친히 말씀대로 살게 해주신다.'는 가르침이 교회 안에 널리 퍼졌습니다. "우리는 예수님과 함께 죄에 대하여 죽었고 예수님과 함께 하나님에 대해서 살아났다. 그것을 믿으면 변화된다."고 주장하는 소위 '십자가의 도'를 강조하는 사람들에게서도 그런 경향이 보입니다. 심지어, 어떤 설교자들은 "우리 힘으로는 말씀대로 살 수가 없다. 그러므로 말씀대로 살려는 시도나 노력까지 하지 말아야 한다. 오직 우리를 변화시킬 수 있는 하나님만 믿고 의지해야 된다!"고 설교합니다. 그들은 "아무것도 하지 말고 오로지 하나님만 믿고 의지하는 것이 새 언약에 나타난 '내가'가 요구하는 것이고, 그것만이 복음적인 참 믿음이고, 그럴 때 우리가 변화된다!"고 주장합니다.

몇 가지 구체적인 예를 들어보겠습니다. 가장 유명한 것은 허드슨 테일러가 한 말인데, 「주 안에 거하라」는 글에서 그는 이렇게 썼습니다.

"저는 예수님 안에 거하는 이 비밀을 이해할 수 없었습니다. 저는 한동안 주님 안에 거하기 위해서는 많은 노력이 필요하다고 믿었고, 이 온전한 단계에 이르려면 부족하다고 생각했습니다. 그러나 예수님 안에 거하고자 애쓸 필요가 없음을 성령님께서 가르쳐주셨습니다. …

우리가 예수님 안에 거하기 위해서 전혀 힘이 필요 없다는 것을 깨닫는 것은 매우 복된 일입니다. 그것은 예수님 안에서 쉰다는 뜻이며, 우리가 아무 생각을 하지 않아도 그분의 팔이 우리를 붙든다는 것입니다. …

저는 요한복음 15장을 읽었을 때 이렇게 생각했습니다. '이 참 포도나무에는 많은 진액이 있다. 나는 어떻게 이 힘을 나의 작은 가지에 받을 수 있을까?' 이것은 나의 생각이었고 하나님의 생각은 아니었습니다. …

요한복음 15장은 어떻게 구원을 얻는지가 아니라, 어떻게 열매를 맺는지를 가르칩니다. 이것은 구원 얻은 자들에게 하시는 말씀입니다. 이 **요한복음 15장 전체의 열쇠는 첫 구절의 첫 단어에 있습니다.** '나는 포도나무요'(요 15:1)

'내가 누구냐'가 문제가 아니라, '예수님은 누구인가'에 모든 것이 달려 있습니다. 우리는 절대 이 사실을 잊어서는 안 됩니다! 우리가 열매를 맺을 수 있는 것은 예수님께서 열매를 맺게 하시기 때문이라는 사실입니다. 이 구절의 하반절에 '나의 아버지는 농부라'는 말씀도 놀랍습니다. 가지가 포도나무에 붙어 있으면 농부가 모든 필요한 것을 공급합니다. 흙은 양분이 필요하고 농부는 거름을 줍니다. 가지가 스스로 깨끗이 가지치기를 합니까? 농부가 합니다. 가지가 무겁게 처져 있어서 받쳐주어야 한다면 포도나무가 가서 햇빛을 찾을 필요가 없고, 하나님께서 햇빛을 주시고 비를 주십니다. 우리가 예수님 안에 붙어 있으면 우리가 필요한 모든 것을 하나님으로부터 받습니다.

하나님께서 우리를 생각하시기 때문에 우리는 걱정하거나 근심할 필요가 없습니다. 주 안에 거하고 그분을 기다리면 그분께서 우리를 위해, 우리 안에서, 우리를 통해 일하실 것입니다. 우리가 만일 예수님 안에 거하면 또한 열매를 맺을 것입니다. 가지는 그의 삶을 포도나무에 맡길 뿐 아무 할 일이 없습니다. 그러면 모든 일이 잘될 것입니다. 진액은 뿌리에서 올라가 가지로 가며, 바람과 비와 햇빛은 밤낮으로 일을 합니다. 봄에는 작은 꽃들이 피고 열매가 열리고 익도록 하는 이 모든 것은 하나님께서 하십니다." [20]

그러나 가지도 잎사귀를 통해 광합성작용을 해야 합니다. 그렇지 않나요? 실제로 참 포도나무와 가지의 비유에서 예수님 안에 거하라는 것은 우리가 지켜야 할 명령입니다.

요한복음 15:4-7 **"내 안에 거하라.** 나도 너희 안에 거하리라. 가지가 포도나무에 붙어 있지 아니하면 스스로 열매를 맺을 수 없음 같이 **너희도 내 안에 있지 아니하면** 그러하리라. 나는 포도나무요 너희는 가지라. **그가 내 안에, 내가 그 안에 거하**

---

[20] https://cafe.daum.net/Bigchurch/LZk9/6770

면 사람이 열매를 많이 맺나니 나를 떠나서는 너희가 아무것도 할 수 없음이라. **사람이 내 안에 거하지 아니하면** 가지처럼 밖에 버려져 마르나니 사람들이 그것을 모아다가 불에 던져 사르느니라. **너희가 내 안에 거하고 내 말이 너희 안에 거**하면 무엇이든지 원하는 대로 구하라. 그리하면 이루리라."

이것은 우리가 그 안에 거하기 위해 해야 할 일이 있다는 것을 함의합니다. 또, 그것이 요한일서에 잘 나타나 있습니다.

요한일서 2:27-28 "너희는 주께 받은 바 기름 부음이 너희 안에 거하나니 아무도 너희를 가르칠 필요가 없고 오직 그의 기름 부음이 모든 것을 너희에게 가르치며 또 참되고 거짓이 없으니 **너희를 가르치신 그대로 주 안에 거하라. 자녀들아 이제 그의 안에 거하라.** 이는 주께서 나타내신 바 되면 그가 강림하실 때에 우리로 담대함을 얻어 그 앞에서 부끄럽지 않게 하려 함이라."

요한일서 3:23-24 "그의 계명은 이것이니 곧 그 아들 예수 그리스도의 이름을 믿고 그가 우리에게 주신 계명대로 서로 사랑할 것이니라. **그의 계명을 지키는 자는 주 안에 거하고 주는 그의 안에 거하시나니** 우리에게 주신 성령으로 말미암아 그가 우리 안에 거하시는 줄을 우리가 아느니라."

요한일서 4:15-16 "누구든지 예수를 하나님의 아들이라 시인하면 하나님이 그의 안에 거하시고 그도 하나님 안에 거하느니라. 하나님이 우리를 사랑하시는 사랑을 우리가 알고 믿었노니 하나님은 사랑이시라. **사랑 안에 거하는 자는 하나님 안에 거하고 하나님도 그의 안에 거하시느니라.**"

이를 종합해 보면, 예수님 안에 거하려면 예수님을 믿어야 합니다. 또, 참 복음과 진리를 고수해야 합니다. 그리고 서로 사랑하라는 계명을 지킴으로 사랑 안에 거해야 합니다. 그래야 예수님 안에 계속 거할 수 있습니다. 그러므로 그 안에 거하기 위해서 우리가 아무것도 할 일이 없고, 노력이 전혀 필요하지 않다는 것은 성경적인 것이 아닙니다.

다음으로, 워치만 니는 『정상적인 그리스도인의 생활』이라는 인기 있는 책에서 '자기 역량 이상의 무거운 짐을 들려고 하는 사람'과 '물에 빠진 사람을 구출하려면 그의 힘이 다 빠질 때를 기다려야 한다'는 것을 상기시키며 죄를 버리고 하나님께 순종하기 위한 어떤 노력도 하지 말아야 한다고 주장했습니다.

"율법으로부터 구원받는다는 것은 일상생활에서 어떤 의미를 가지는가? 좀 과장된 말일지도 모르나, 그 말은 내가 이제부터는 하나님을 위하여 전혀 아무 일도 하지 않겠다는 뜻이며, 내가 다시는 하나님을 기쁘시게 하려고 노력하지 않겠다는 뜻이다.

우리 안에서 행하시는 이는 하나님이시다. 율법으로부터의 구원은 우리가 하나님의 뜻을 행할 의무에서 해방된다는 뜻은 아니다. 그것은 물론 우리가 무법한 사람이 되는 것을 의미하지 않는다. 그와 정반대이다. 그 말은 우리가 그 뜻을 우리의 힘으로 행하는 것에서 해방된다는 뜻이다. **우리가 그 뜻을 행할 수 없다는 사실을 충분히 확신할 때에 우리는 옛사람을 근거로 해서 하나님을 기쁘시게 하려고 노력하는 것을 그치게 된다.** 마침내 우리가 완전한 절망의 지점에 도달할 때 노력하는 것까지도 중단하게 되고, 주님의 부활 생명이 우리 안에서 나타나도록 주님을 의지하게 된다."[21]

"우리도 노력하는 것을 빨리 포기하면 할수록 그만큼 더 유익하다. 왜냐하면 우리가 그 일을 독점하고 있다면 성령님이

---

21 워치만 니 『정상적인 그리스도인의 생활』 권혁봉 옮김. 서울: 생명의말씀사, 2017. pp. 167-168.

역사하실 곳이 없기 때문이다. 그러나 만일 우리가 '나는 그 일을 하지 않겠습니다. 다만 주님께서 나를 위해 그 일을 해주실 것을 믿습니다'라고 말한다면, 우리는 우리 자신보다 더 강한 능력으로 그 일을 해내는 것을 발견할 것이다.

 1923년에 나는 유명한 캐나다인 전도자 한 사람을 만난 일이 있다. 내가 위와 같은 내용의 설교를 하고 난 후에 그와 함께 그의 집으로 걸어 돌아가는 중이었는데, 그는 다음과 같이 말하였다. '로마서 7장에 관한 내용은 오늘날 좀처럼 듣기 힘든 말씀입니다. 그런데 그 말씀을 다시금 들어보니 기쁩니다. 내가 율법에서 구원받은 날은 땅 위에서의 천국과 같은 날이었습니다. **그리스도인이 된 지 여러 해가 지난 후에도 나는 여전히 하나님을 기쁘시게 하려고 최선을 다하고 있었습니다.** 그러나 내가 노력하면 할수록 그만큼 많은 실패를 했습니다. 나는 하나님을 이 우주 가운데서 가장 큰 요구자로 생각했습니다. 그러나 나는 그의 요구들 중 가장 작은 것도 이룰 수 없는 무력한 존재라는 것을 깨달았습니다. 어느 날 갑자기 로마서 7장을 읽을 때 빛이 비춰 나는 내가 죄로부터 구원받았을 뿐만 아니라 율법으로부터도 구원받았음을 깨달았습니다. 나는 놀라서 벌떡 일어나 다음과 같이 말하였습니다. '**주님, 주님은 정말 나에게 아무 일도 요구하지 않으십니까? 그렇다면 나는 주님을**

위해서 아무 일도 더 할 필요가 없습니다!"

하나님의 요구는 변하지 않았다. 그러나 우리는 그 요구를 이룰 자들이 아니다. 하나님을 찬미하라! 하나님은 보좌 위에서 율법을 주시고 내 마음 가운데서 그 율법을 지키시는 분이다. 율법을 주신 그분 자신이 그것을 지키신다. 하나님은 요구를 하시지만 또한 그 요구를 이루신다.

그 친구는 자기가 아무 할 일이 없다는 것을 깨달았을 때 벌떡 일어나 소리칠 수 있었다. 그리고 그와 동일한 발견을 하는 자는 모두 그렇게 할 수가 있다. 우리가 무엇이든 해보려고 노력할 때에 하나님은 아무 일도 하실 수가 없다. 우리가 실패를 거듭하는 것은 우리가 노력하기 때문이다. 하나님은 우리가 아무것도 할 수 없다는 것을 보여주기 원하신다. 그리고 우리가 그것을 완전히 깨달을 때까지 실망과 환멸은 결코 사라지지 않을 것이다."[22]

안타깝게도, 이것은 여러 유명한 저자들의 책과 유명한 설교자들의 설교에서 흔히 볼 수 있는 내용입니다. 물론 우리가 자기 힘을 의지하지 말고 전적으로 성령님을 의지해야

---

22 워치만 니 『정상적인 그리스도인의 생활』 권혁봉 옮김. 서울: 생명의말씀사, 2017. pp. 169-170.

한다는 것은 옳은 말입니다. 그러나 죄를 이기고 하나님께 순종하기 위해 어떤 시도나 노력도 할 필요가 없다거나 심지어 그것을 금기시하는 것은 옳은 것이 아닙니다. 왜냐하면 그리스도의 율법은 우리에게 주시는 하나님의 명령이고, 성령님은 보혜사로서 대신하는 분이 아니라 도와주시는 분이고, 은혜 역시 "돕는 은혜"(히 4:16)이기 때문입니다. 그러므로 이런 주장은 진리를 포함하고 있기는 해도 성경적으로 정확한 것이 아닙니다.

참고로, 그들과는 다르지만 찰스 피니도 『성결의 비밀』이라는 책에서 이렇게 말했습니다.

> "그리스도인이 성결에 거하기 위해서는 믿음밖에 없다는 대답 이외의 모든 대답은 율법적인 것이다. 가장 중요하고도 근본적인 믿음의 비밀을 깨닫지 못한 사람이라면 아무리 의롭게 살려고 수고하며 애써도 그것은 불가능하다. … [23] **성결은 믿음으로만 얻을 수 있다. … 의롭게 되는 것은 물론이거니와 성결케 되는 것도 믿음으로만 된다.**"[24]

---

23 찰스 G. 피니 『성결의 비밀』 박광철 옮김. 서울: 생명의말씀사, 1991. p. 13.
24 찰스 G. 피니 『성결의 비밀』 박광철 옮김. 서울: 생명의말씀사, 1991. p. 20.

성경에 보면 믿음으로 거룩하게 된다는 것을 보여주는 구절들이 굉장히 많습니다(행 15:9, 26:18, 롬 1:5, 히 11:6, 요일 5:4-5). 그러므로 성경적으로 옳은 말입니다. 그러나 우리는 이 말을 이해할 때 조심해야 됩니다. 피니의 전체적인 설교와 자유의지를 매우 강조한 그의 특성을 볼 때, 이것은 결코 노력을 부인하거나 터부시한 것이 아닙니다. 즉, 결단하고 노력해야 할 필요성을 배제한 것이 아닙니다.

가장 간단한 증거로, 믿음이 무엇입니까? 단순히 예수님의 보혈공로와 성령의 변화시키는 능력을 의지하는 것입니까? 즉, 단지 믿고 의지하는 것입니까? 둘 다 믿음의 중요한 요소입니다. 그러나 그것이 믿음의 전부가 아닙니다. 믿음에는 다른 요소가 있습니다. 바로 예수님을 주님으로 영접하고 그분에게 순종하기로 결단하는 것입니다. 그 후 실제로 그렇게 살려고 성령님을 의지하며 죄와 싸우고 노력하는 것입니다. 이것도 믿음의 필수적인 요소입니다. 이처럼 믿음 자체가 우리의 의지적인 결단과 노력을 포함합니다. 그런데 믿음을 강조하면서 어떻게 그것을 배제할 수가 있습니까? 그것은 균형을 잃고 성경에서 벗어난 것입니다. 그러므로 믿으면 된다는 말을 결심이나 노력을 배제하는 것으로 이해하면 안 됩니다. 여러분, 이해가 되시지요!

물론 하나님은 새 언약을 통해 "내가" 하겠다고 약속하셨습니다. 그러나 이것은 오직 하나님만 믿고 의지하고 말씀대로 살려는 시도나 노력도 하지 말라는 극단적인 의미가 아닙니다. 그것은 새 언약을 오해한 것입니다. 또, 그것을 확인시켜주는 명명백백한 증거가 있는데, 바로 로마서 8장 3-4절입니다.

"율법이 육신으로 말미암아 연약하여 할 수 없는 그것을 **하나님은 하시나니** 곧 죄로 말미암아 자기 아들을 죄 있는 육신의 모양으로 보내어 육신에 죄를 정하사 육신을 따르지 않고 **그 영을 따라 행하는 우리에게** 율법의 요구가 이루어지게 하려 하심이니라."

3절에 보면, 율법이 할 수 없는 그것을 "하나님은" 하신다고 나옵니다. 새 언약의 예언들에 나오는 "내가"와 정확히 같은 것이지요!

또, 여기서 하나님이 하신다는 것은 4절에 나오는 율법의 요구를 이루는 것을 뜻합니다. 바울이 7장에서 설명한 것처럼, 율법은 율법의 요구를 이루게 할 수 없습니다. 즉, 율법을 지키게 할 수 없습니다. 그러나 하나님은 그 일을 능히 하신다는 것입니다. 이것도 새 언약의 내용과 같지요!

그럼 하나님이 그것을 어떻게 하실까요? 3절에 기록되어 있는 것처럼 "죄로 말미암아 자기 아들을 죄 있는 육신의 모양으로 보내어 육신에 죄를 정하사"입니다. 또, 4절까지 보면 십자가로 우리 죄를 대속하실 뿐 아니라 성령을 주심으로써입니다(갈 3:14). 그런데 성령님이 먼저 하시는 일은 죄와 사망의 법에서 우리를 해방시켜 주시는 것입니다(2절). 그리하여 원해도 선을 행할 수 없고 원치 않아도 악을 행할 수밖에 없는 포로 된 상태에서 해방시켜 주십니다. 여기까지 모두 하나님이 하시는 일입니다. 그래서 허드슨 테일러나 워치만 니의 주장이 옳은 것같이 느껴질 수 있습니다.

그러나 3-4절 사이에 무엇이 들어 있습니까? 그 사이에 우리를 구원하시려는 하나님의 은혜에 의지하여 우리가 회개하고 믿어야 한다는 것이 들어 있습니다. 더구나, 그 결과 성령이 죄의 지배에서 우리를 해방시켜 주신다고 자동적으로 율법의 요구가 이루어지는 것이 아닙니다. 왜냐하면 4절에 이렇게 기록되어 있기 때문입니다.

"육신을 따르지 않고 그 영을 따라 행하는 우리에게 율법의 요구가 이루어지게 하려 하심이니라."

그러므로 우리가 성령을 의지하여 육신을 따르지 말고 성령을 따라 행해야 합니다. 그래야 율법의 요구가 이루어집니다.

물론 믿는 자는 죄의 지배에서 해방되었습니다(2절). 전에 설명해드린 대로, 노예의지 같았던 자유의지가 회복되었습니다. 그러나 그렇다고 자동으로 말씀대로 살게 되는 것이 아닙니다. 그 증거로, 타락 전의 아담은 우리의 자유의지가 회복된 것보다 더 자유로웠습니다. 그런데도 죄를 짓고 타락했습니다. 이와 같이 자유의지가 회복된 우리도 육신을 따를 수도 있고 성령을 따를 수도 있습니다. 그러므로 반드시 육신을 따르지 말고 성령을 따라 행해야 합니다.

그런데, 육신을 따르지 말아야 하는 것이 누구입니까? 또, 영을 따라야 하는 것이 누구입니까? 성령님이 아닙니다. 바로 우리입니다. 그러니, 어떤 사람에게 율법의 요구를 이루는 일이 이루어질까요? 믿고 의지한다며 두 손 놓고 하늘만 쳐다보는 자가 아닙니다. 결단하고 육신을 따르지 않고 그 영을 따르는 자들에게입니다. 그러므로 이것까지가 하나님이 하신다는 말의 의미입니다! 또, 이것까지가 예레미야와 에스겔서에 나오는 "내가", 즉 하나님이 하겠다고 하신 말씀의 의미입니다. 그러므로 "내가"가 결코 우리의 결단과 노력의 필요성을 배제한 것이 아닙니다.

또, 예레미야와 에스겔이 예언한 것은 새 언약입니다. 그런데 로마서 7장 6절에서 "율법 조문의 묵은 것으로 섬길 것이 아니요 영의 새로운 것으로 섬길 것이니라."라고 했습니다. 전자는 옛 언약이고, 후자는 새 언약입니다. 그 뒤, 7장에서 옛 언약을 따르는 자들의 상태를 묘사했고, 8장에서는 새 언약을 따라 하나님을 섬기는 신자들의 상태와 의무에 대해 말했습니다. 그러므로 실제로 로마서 8장 1-4절은 새 언약을 설명한 곳입니다.

또한, 새 언약의 핵심이 무엇입니까? 첫째는, 예수님의 십자가 대속입니다. 히브리서에 잘 나타나 있는 대로, 구약의 제물로는 죄를 온전히 씻을 수가 없는데, 예수님의 피는 온전히 죄를 사할 수 있다는 것입니다. 둘째는, 율법은 죄를 깨닫게 하고 지키게 하지는 못하는데, 하나님께서 성령을 보내셔서 지킬 수 있게 해주신다는 것입니다. 그런데, 로마서 8장 3-4절에 이 두 가지가 다 나옵니다. 그러므로 참으로 이 구절들은 선지자들이 예언한 새 언약을 설명한 것이고, 또 새 언약에 나오는 "내가"의 의미를 보여준 것입니다. 이제, 이 구절들을 사용해서 제가 새 언약의 "내가"의 의미를 설명한 것이 옳다는 것을 확실히 아시겠지요!

나아가서, 갈라디아서에서 바울이 뭐라고 말했습니까?

갈라디아서 5:16 "내가 이르노니 **너희는 성령을 따라 행하라**. 그리하면 육체의 욕심을 이루지 아니하리라."

중요한 것은, 바울이 여기서 단지 성령이 답이다! 라고 말하지 않았다는 것입니다. 즉, "단지 성령을 받으면 된다. 또는 성령을 의지하기만 하면 된다."고 말하지 않았습니다. 바울은 너희가 성령을 따라 행해야 한다고 했습니다. 그래야 육체의 욕심이 이루어지지 않고 성령의 열매를 맺고, 지옥이 아니라 천국에 갈 수 있기 때문입니다(갈 5:16-23). 그러므로 우리는 율법의 요구를 이루는 일에 하나님이 하셔야 할 일과 우리가 해야 할 일이 있다는 것을 깨달아야 합니다. 전자는 대속과 그것에 근거해서 성령을 주시는 것이고, 후자는 육신을 따르지 않고 성령을 따라 행하는 것입니다. 이 둘이 하나가 되어야 율법의 요구가 이루어집니다. 그런데 오늘날 어떤 설교자들은 '불가항력적인 은혜'를 강조한 칼빈처럼 하나님의 역할만을 지나치게 강조합니다. 그러면서 믿고 의지하면 아무것도 안 해도 변화될 수 있다고 말합니다. 이것은 성경에서 벗어난 것이고 잘못된 것입니다.

한편, 우리는 이것을 통해 왜 성령을 믿고 의지한다고 하는데 죄를 이기고 말씀대로 살 수 없는지 그 이유를 알 수 있습니다. 그것은 바로 믿고 의지한다고 하면서 4절에 기록되어 있는 대로 육신을 따르지 않고 성령을 따르는 것을 하지 않았기 때문입니다.

그러나 많은 신자들이 육신이 아니라 성령을 따라 행하겠다고 진심으로 결단하고 나름 열심히 노력합니다. 그런데도 왜 죄를 이기고 순종할 수가 없을까요? 그것은 진실로 육체를 따르지 않고 성령을 따라 행하는 것을 하지 못했기 때문입니다. 바꾸어 말해서, 제가 설명해드린 네 가지에 구멍이 뚫려서 실제로 육신이 아니라 성령을 따라 행하는 일에 실패했기 때문입니다. 더 구체적으로 말하면, 많은 신자들이 육신이 아니라 성령을 따르겠다고 진심으로 결단합니다. 그러나 한 번 한 결단이 계속 유효할 것으로 착각해서 결단이 나중에는 껍데기만 남습니다. 그들은 날마다 결단하지 않고, 자신의 결단과 각오를 새롭게 해달라고 하나님께 구체적으로 기도하지 않습니다. 또, 막연하게 설교 많이 듣고 기도 많이 하면 변화될 것이라는 기대 속에서 결단의 단호함과 결연함을 강화시키기 위한 목적으로 그것에 도움이 되는 설교를 듣거나 그것을 위해 기도하지 않습니다. 또한,

육신이 아니라 성령을 따르는 것을 말과 행동을 조심하는 것으로 생각합니다. 그 첫걸음이 생각 돌리기이고, 그와 함께 철저한 눈 돌리기를 해야 하는데 그 중요성을 간과합니다. 그래서 아무리 결단하고 노력해도 효과가 미미한 것입니다. 이것이 주기적으로 죄를 짓고 넘어지는 이유입니다.

여러분, 사람이 육체를 따르지 않겠다고 결심한다고 안 따라지나요? 아닙니다. 또, 사람이 성령을 따르겠다고 결심한다고 실제로 따라지나요? 역시 아닙니다. 그렇다면 왜 그럴까요? 또, 어떻게 해야 실제로 육체를 따르지 않고 실제로 성령을 따를 수 있을까요? 알고 싶으시지요! 그런데, 그 정확한 비결을 네 가지로 정리해서 보여준 것이 바로 이번 설교입니다. 그러니 이 4가지가 얼마나 성경적이고 중요한 것인지 아시겠지요! 그러므로 믿고 그대로 하면 실제로 육체를 따르지 않고 실제로 성령을 따를 수 있습니다. 그 결과 능히 죄를 이기고 말씀대로 살 수 있습니다.

처음에 차 안에서 이 설교가 주어졌을 때, 저는 이것이 본문과 관계가 없는 다분히 주관적인 깨달음이라고 생각했습니다. 그러나 설교를 계속하면서 그렇지 않다는 것을 깨달았습니다. 왜냐하면 이 설교의 1-3대지는 로마서 8장 4절의 "육신을 따르지 않고 그 영을 따라 행하는 우리"에게 필요한 결단과 그것을 강화시킴으로 계속 유지하는 비결을 설명한 것입니다. 또한, 4대지는 5-6절을 4절과 12-13절과 연결시켜서 육신을 따르지 않기 위해서는 눈 돌리기를 포함한 생각 돌리기가 절대적으로 필요하다는 것을 드러내고 설명한 것입니다. 이처럼 제가 여러분에게 설명한 4가지는 각각의 표현이 로마서 8장에 나오지는 않지만, 거기에서 바울이 말한 죄를 이기고 말씀대로 살 수 있는 비결을 자세히 풀어서 설명한 것입니다. 그러므로 여러분이 꾸준히 이대로 하면 반드시 변화됩니다. 왜냐하면 성경은 진리이고, 이 4가지는 철저하게 성경적이기 때문입니다.

> 데살로니가전서 2:13 "이러므로 우리가 하나님께 끊임없이 감사함은 **너희가 우리에게 들은 바 하나님의 말씀을 받을 때에 사람의 말로 받지 아니하고 하나님의 말씀으로 받음이니 진실로 그러하도다. 이 말씀이 또한 너희 믿는 자 가운데에서 역사하느니라.**"

끝으로, 여러분의 영혼을 사랑하는 마음으로 꼭 들려드리고 싶은 말이 있습니다. 이 설교를 통해, 저는 죄를 이기고 말씀대로 살 수 있는 4가지 비결을 설명해 드렸습니다.

그런데, 묻겠습니다.

외식자가 이것들을 할 수 있을까요?

외식자들은 외양에만 신경을 쓰고 마음의 청결에 관심이 없습니다. 그런 그들이 마음의 청결을 위해 실생활 속에서 이 4가지를 실천하겠습니까? 그럴 리가 없지요! 이것이 그들이 모두 지옥에 갈 수밖에 없는 이유입니다.

또, 묻겠습니다.

명목상의 신자가 이것들을 할 수 있을까요?

명목상의 신자는 주일성수하는 것도 힘들어하고, 십일조 드리는 것도 힘들어합니다. 또, 성경 보고 기도하는 것도 힘들어합니다. 이런 그들이 날마다 결단하고, 그것을 강화하기 위해 기도하고, 설교 듣고 기도하는 것을 통해서 의지를 강화시키고, 항상 눈 돌리기와 생각 돌리기를 하려고 하겠습니까? 못합니다. 이것이 그들이 지옥에 갈 수밖에 없는 이유입니다. 그러므로 이 4가지는 알려준다고 할 수 있는 것이 아닙니다. 진지하고 진실한 신자들만 그것들을 할 수 있습니다.

하나만 더 묻겠습니다.

라오디게아 교회 신자들처럼 미지근한 신앙인이 이것들을 할 수 있을까요?

그들도 못합니다. 왜냐하면 게으름을 버리고 힘을 쏟지 않으면 이것들을 할 수 없기 때문입니다.

누가복음 13:24 **"좁은 문으로 들어가기를 힘쓰라.** 내가 너희에게 이르노니 들어가기를 구하여도 못하는 자가 많으리라."

또, 침노하는 자처럼 전력을 다하지 않으면 이것들을 할 수 없습니다.

마태복음 11:12 **"세례 요한의 때부터 지금까지 천국은 침노를 당하나니 침노하는 자는 빼앗느니라."**

이 구절들에 나온 것처럼 '좁은 문으로 들어가기를 힘쓰고' 힘을 다해 '천국을 침노하는 자'들만 이 4가지를 실제로 할 수 있습니다. 단지 이 설교를 들었다고 할 수 있는 것이 아닙니다. 열린 마음으로 말씀을 잘 들음으로 심령이 가난해지고, 자신의 죄 때문에 애통해하고, 하나님 말씀 때문에 두려워 떨고, 그 결과 의에 주리고 목마르게 되어 마음의 청결을 간절히 추구하게 된 자들만 이 4가지를 할 수 있습니다. 어떻습니까? 어떤 분들의 경우, 자신이 이대로 살다간 어디로 가게 될지 훤히 보이시지요!

그런 분들이 지금 반드시 해야 할 일이 있습니다.

첫째로, 나는 네 부류 중 어디에 속한 사람인지 진지하게 점검해 보아야 합니다. 그래서 자신이 얼마나 소름끼치게 위험천만한 상태인지 깨달아야 합니다.

둘째로, 정말로 지옥이 아니라 천국에서 영원을 보내기 원한다면 외식자나 명목상의 신자나 미지근한 신자로 살아온 것을 회개해야 합니다. 그리고 오늘부터 진실하고 뜨겁게 신앙생활을 하겠다고 결단해야 합니다.

셋째로, 이 설교를 통해 설명해드린 4가지를 날마다 실천해야 합니다. 그렇게 하리라고 결단하고 실제로 그렇게 함으로 이 4가지를 생활화해야 합니다.

여러분, 그래야 진짜가 될 수 있습니다. 그리고 저 무시무시한 지옥을 피하고 천국에 갈 수 있습니다. 그러므로 제발 모두 그렇게 하시기 바랍니다.

거룩한 진주의 도서들 1

변승우 목사의 저서

누구나 죽으면 가는 천국과 지옥!
어느 종교의 주장이 진짜일까요?
변승우 | 신국판 변형 | 68면 | 6,000원

대죄와 소죄에 대한 깨달음!
변승우 | 신4.6판 | 56면 | 6,000원

킹제임스 성경 팩트 체크!
변승우 | 신4.6판 | 76면 | 6,500원

로마서 7장 14-25절의
현재시제와 삽입구에 대한 사이다 설명!
변승우 | 신국판 변형 | 136면 | 10,000원

목사님, 십자가 강도의 구원이 궁금해요!
변승우 | 신4.6판 | 52면 | 6,000원

내가 너희에게 복을 주리라!
변승우 | 신국판 변형 | 120면 | 9,000원

우리가 죽을 때까지
초점 맞춰야 할 4가지!
변승우 | 신4.6판 | 56면 | 5,500원

신앙생활 완벽 가이드
성령의 세 가지 인도!
변승우 | 신국판 | 240면 | 13,000원

더 높은 차원으로 부르시는 하나님!
변승우 | 신국판 | 168면 | 12,000원

신자들이 섬기는 세 가지 우상!
변승우 | 신국판 변형 | 80면 | 7,000원

저자가 쓴 130권 중 대표작!
개신교의 아킬레스건이 된 칭의의 교리
변승우 | 신국판 | 440면 | 23,000원

한국 교회, 개혁 외에는 답이 없다!
쇼킹! 한기총회장과 사무총장의 돈 요구!
변승우 | 신국판 | 188면 | 12,000원

특별기획 다문화TV 초대석 - 인터뷰 전문
사랑하는교회 변승우 목사
변승우 | 신국판 변형 | 64면 | 7,000원

엄선한 천국지옥 방문기!
당신의 영원을 어디서 보낼 것인가?
변승우 편저 | 신국판 | 276면 | 13,000원

영과 혼에 대한 궁금증이 풀리다!
너 자신을 알라!
변승우 | 신국판 | 496면 | 25,000원

저자가 쓴 125권 중 대표작!
당신의 복음은 바울의 복음인가?
변승우 | 신국판 | 532면 | 22,000원

사랑하는 사람을 구원하는 책!
노후준비보다 중요한 사후준비!
변승우 | 신국판 | 184면 | 12,000원
큰글씨 | 신국판 | 232면 | 13,000원

하나님 아빠 아버지!
변승우 | 신국판 변형 | 84면 | 7,000원

우리 산상수훈과 함께 다시 시작해요!(중)
나는 바리새인보다 나은 의를
가지고 있는가?
변승우 | 신국판 | 512면 | 20,000원

유대교의 전철을 밟고 있는 개신교!
변승우 | 신국판 변형 | 80면 | 6,000원

우리 산상수훈과 함께 다시 시작해요!(상)
나는 팔복의 사람인가?
변승우 | 신국판 | 524면 | 20,000원

중심이 미래를 좌우한다!
변승우 | 신국판 | 120면 | 7,000원

은사 사역 필독서!
너희는 더욱 큰 은사를 사모하라!
변승우 | 신국판 | 272면 | 12,000원

이 책 한 권이면 계시록이 보인다!
하나님의 어리석음이 사람보다
지혜롭다!!!
변승우 | 신국판 | 848면 | 33,000원

지옥에 가는 크리스천들
(수정증보판)
변승우 | 신국판 | 424면 | 12,000원

터
변승우 | 신국판 | 292면 | 9,000원

정경의 권위
변승우 | 신국판 | 160면 | 7,000원

다이아몬드 같은 진리!
변승우 | 신국판 | 488면 | 16,000원

예정론의 최고난제:
토기장이의 비유 풀이!
변승우 | 신국판 | 244면 | 12,000원

능력으로 관통되는 복음!
변승우 | 신4.6판 | 76면 | 5,000원
큰글씨 | 신국판 변형 | 84면 | 6,000원

이기는 자가 가는 나라!
변승우 | 문고판 | 48면 | 3,000원
큰글씨 | 신국판 변형 | 56면 | 4,000원

한 가지!
변승우 | 신국판 변형 | 112면 | 6,000원

십일조 대논쟁!
변승우 | 신국판 | 144면 | 7,000원

길
변승우 | 신국판 | 228면 | 7,000원

열방을 위한 하나님의 전략!
변승우 | 신국판 | 184면 | 9,000원

정통보다 더 성경적인 교회!
변승우 | 신국판 | 180면 | 8,000원

하나님의 집인가? 귀신의 집인가?
변승우 | 신국판 변형 | 84면 | 5,000원

거룩한 진주의 도서들 2

당신의 자녀를
하나님의 자녀가 되게 하라!
변승우 | 신국판 변형 | 108면 | 5,000원

참으로 하나님의 은혜를
깨달은 날부터!
변승우 | 신국판 변형 | 64면 | 4,500원

사랑하는교회에 뿌리를 내려라!
변승우 | 신4.6판 | 80면 | 6,000원

제7차 아프리카 선교 보고
오늘도 살아 역사하시는 하나님!
변승우 편저 | 신국판 변형 | 92면 | 7,000원

"아이고 집사님, 아이고 권사님,
아이고 목사님이 왜 지옥에 계시나요?"
신국판 변형 | 52면 | 5,000원

아프리카 선교 현장에서
사도행전이 재현되다!
신4.6판 | 56면 | 3,500원

주님, 이 구절은 무슨 뜻인가요?
변승우 | 신4.6판 | 132면 | 6,500원

강남 사는 이작골 스타일 목사의
산소 같은 산행일기 3
변승우 | 4.6배판 변형 | 328면 | 17,000원

부에 대한 균형 잡힌 가르침!
변승우 | 신국판 | 160면 | 8,000원

사랑하는교회는 어떤 교회인가?
변승우 | 신국판 변형 | 108면 | 6,000원

강남 사는 이작골 스타일 목사의
산소 같은 산행일기 2
변승우 | 4.6배판 변형 | 292면 | 16,500원

해 아래 가장 명백한 진리
(복음전도용)
변승우 | 문고판 | 24면 | 1,000원
큰글씨 | 신국판 변형 | 24면 | 2,000원

오직 기독교가 길이요 진리요 생명이다!
변승우 | 문고판 | 40면 | 2,000원
큰글씨 | 신국판 변형 | 48면 | 3,000원

성경이 흔들리면 기독교가 무너진다!
변승우 | 신국판 | 164면 | 7,000원

평생 되새겨야 할 가장 중요한 진리!
변승우 | 신국판 변형 | 104면 | 7,000원

동성애 쓰나미!
변승우 | 신국판 | 328면 | 13,000원

믿음의 말씀 바로 알기!
변승우 | 신국판 변형 | 168면 | 8,000원

스카이(SKY)보다 크신 하나님!
변승우 | 신4.6판 | 76면 | 5,000원

하나님께 나아가자!
변승우 | 신국판 변형 | 92면 | 6,000원

하나님의 시선을 끄는 겸손!
변승우 | 신4.6판 | 48면 | 4,000원

땅에 떨어지는 예언들!
변승우 | 신국판 | 216면 | 11,000원

믿음으로 자백하라!
변승우 | 신국판 변형 | 160면 | 7,000원

전염병 경보 발령!
변승우 | 신국판 변형 | 84면 | 5,000원

사랑하는교회 (舊 큰믿음교회) 이단시비 종결되다!
변승우 편저 | 신국판 | 196면 | 6,000원

교회를 허무는 마귀의 교리 은사중지론!
변승우 | 신4.6판 | 60면 | 6,000원

당신의 고백을 점검하라!
변승우 | 신국판 변형 | 64면 | 4,000원

종말론 바로 알기!
변승우 | 신국판 변형 | 88면 | 4,500원

아~ 믿으라는 말이 이런 뜻이었구나?
변승우 | 신국판 변형 | 96면 | 5,000원

알면 사랑할 수밖에 없는 하나님
변승우 | 신4.6판 | 40면 | 2,000원

하나님이 주신 비전!
변승우 | 신4.6판 | 136면 | 4,000원

?
변승우 | 신국판 | 312면 | 11,000원

하나님의 부르심
변승우 | 신4.6판 | 60면 | 2,500원

하나님의 선물
변승우 | 신4.6판 | 128면 | 4,000원

크리스천의 문화생활
변승우 | 신4.6판 | 64면 | 2,500원

사랑받고 사랑하는 사람!
변승우 | 신4.6판 | 120면 | 4,000원

강남 사는 이작골 스타일 목사의 산소 같은 산행일기
변승우 | 4.6배판 변형 | 312면 | 16,500원

성경이 무엇을 말하느냐?
변승우 | 신국판 변형 | 168면 | 5,000원

나는 행복합니다
변승우 | 신4.6판 | 124면 | 4,000원

박해
변승우 | 신국판변형 | 140면 | 5,000원

과부 명부!
변승우 | 신4.6판 | 120면 | 2,500원

멍에
변승우 | 신국판 | 200면 | 5,000원

거룩한 진주의 도서들 3

하나님이 절대주권으로
예정하셨다고요?
변승우 | 신국판 | 296면 | 8,000원

대질심문
변승우 | 신국판 | 324면 | 6,000원

천국의 가장 작은 자가 어떻게
세례 요한보다 클 수가 있나?
변승우 | 신국판 변형 | 96면 | 3,000원

계시
변승우 | 신국판 | 124면 | 4,000원

자의식 대수술!
변승우 | 신국판 | 184면 | 4,500원

종교개혁보다 나를 개혁하는 것이
더 중요하다!
변승우 | 신국판 | 348면 | 9,000원

내가 너희를 사랑한 것같이!
변승우 | 신국판 | 200면 | 4,500원

예언을 멸시하지 말라!
변승우 | 신국판 | 190면 | 5,000원

올바른 성경 읽기
변승우 | 신국판 | 120면 | 6,000원

청년이 무엇으로 그의 행실을
깨끗하게 하리이까?
변승우 | 신국판 | 104면 | 5,000원

푯대
변승우 | 신국판 | 184면 | 5,000원

용서는 나를 위한 것이다!
변승우 | 신국판 | 114면 | 4,000원

종교개혁은 아직 끝나지 않았다!
변승우 | 신국판 | 148면 | 5,500원

주께서 보여주신 선 (善)
변승우 | 신국판 | 118면 | 4,500원

할렐루야!
변승우 | 신국판 | 148면 | 4,500원

기름부음 받은 자를 존중하라!
변승우 | 신국판 | 98면 | 7,000원

미혹
변승우 | 신국판 | 136면 | 7,000원

내가 꿈꾸어온 교회
변승우 | 신국판 | 148면 | 4,000원

교회여~~~ 추수꾼들을 일으켜라!
변승우 | 신국판 | 142면 | 7,000원

습관적인 죄에 대한 새로운 이해!
변승우 | 신국판 | 112면 | 7,000원

예수님이 전부입니다!
변승우 | 신국판 | 114면 | 7,000원

하나님은 용기 있는 사람을 쓰신다!
변승우 | 신국판 | 128면 | 5,000원

주의 음성을 네가 들으니!
변승우 | 신국판 | 128면 | 8,000원

실전 영분별
변승우 | 신국판 | 172면 | 9,000원

여호와의 산, 그 거룩한 곳!
변승우 | 신국판 | 112면 | 4,000원

1세기의 사도와 오늘날의 사도
변승우 | 신국판 | 161면 | 5,000원

장로 그리고 당회는 과연 성경적인가?
(수정증보판)
변승우 | 신국판 | 112면 | 5,000원

**패러다임의 전환이 필요한
전통적인 계시관**
변승우 | 신국판 | 176면 | 5,000원

날 사랑하심! 날 사랑하심~
변승우 | 신국판 | 176면 | 9,000원

교회가 변하면 세상이 변한다!
변승우 | 신국판 | 250면 | 7,000원

월드컵보다 더 중요한 경기
변승우 | 신국판 변형 | 130면 | 3,500원

**말씀 말씀하지만
성경에서 벗어난 제자 훈련**
변승우 | 신국판 변형 | 183면 | 5,000원

긴급수혈
변승우 | 신국판 변형 | 73면 | 5,000원

그 시에 주시는 그 말을 하라!
즉흥 설교 시리즈 제5권
변승우 | 신국판 변형 | 264면 | 7,000원

그 시에 주시는 그 말을 하라!
즉흥 설교 시리즈 제4권
변승우 | 신국판 변형 | 292면 | 7,000원

그 시에 주시는 그 말을 하라!
즉흥 설교 시리즈 제3권
변승우 | 신국판 변형 | 293면 | 7,000원

그 시에 주시는 그 말을 하라!
즉흥 설교 시리즈 제2권
변승우 | 신국판 변형 | 305면 | 7,000원

그 시에 주시는 그 말을 하라!
즉흥 설교 시리즈 제1권
변승우 | 신국판 변형 | 304면 | 7,000원

양신역사
변승우 | 신국판 변형 | 147면 | 7,000원

명목상의 교인인가? 미성숙한 신자인가?
변승우 | 신국판 변형 | 84면 | 5,000원

거룩한 진주의 도서들 4

정통의 탈을 쓴 짝퉁 기독교
변승우 | 신국판 변형 | 295면 | 5,500원

예수빵 (개정판)
변승우 | 신국판 변형 | 116면 | 7,000원

가짜는 진짜를 핍박한다!
변승우 | 신국판 변형 | 163면 | 5,500원

구원에 이르는 지혜
변승우 | 신국판 변형 | 104면 | 4,500원

꺼져가는 등불, 양심
변승우 | 신4.6판 | 87면 | 2,500원

열방이 너희를 복되다 하리라!
변승우 | 신4.6판 | 77면 | 4,000원

하나님의 인자와 엄위 그 가운데 생명의 좁은 길이 있습니다!
변승우 | 신4.6판 | 156면 | 4,000원

여호와의 입에서 나오는 말씀
변승우 | 신국판 | 268면 | 10,000원

특별히 예언을 하려고 하라!
변승우 | 신국판 | 314면 | 9,000원

목사님, 어떻게 해야 마음이 청결한 자가 될 수 있나요?
변승우 | 문고판 | 90면 | 2,000원

좋은 씨와 맑은 물
변승우 편저 | 신국판 | 300면 | 5,000원

진짜 구원받은 사람도 진짜 버림받을 수 있다!
변승우 | 신국판 | 360면 | 13,500원

Am I a Person of the Beatitudes?
나는 팔복의 사람인가? [영문]
변승우 | 신국판 | 528면

A Book That Will Save The Ones We love An Afterlife Plan More Important Than One's Retirement Plan!
노후준비보다 중요한 사후준비! [영문]
변승우 | 신국판 | 164면

The Book of Acts Reenacted : Missions in Africa!
아프리카 선교 현장에서 사도행전이 재현되다! [영문]
신4.6판 | 60면 | 3,500원

A Selection of Testimonies on Heaven and Hell! Where Will You Spend Your Eternity?
당신의 영원을 어디서 보낼 것인가? [영문]
변승우 편저 | 신국판 | 236면

Christians Going to Hell
지옥에 가는 크리스천들 [영문]
변승우 | 신국판 변형 | 300면

The Foundation
터 [영문]
변승우 | 신국판 | 256면

根基
터 [중문]
변승우 | 신국판 변형 | 188면

Truth Like a Diamond!
다이아몬드 같은 진리! [영문]
변승우 | 신국판 | 495면

The Gospel Pervaded by Power
능력으로 관통되는 복음! [영문]
변승우 | 신국판 변형 | 41면

大能贯通的福音
능력으로 관통되는 복음! [중문]
변승우 | 신국판 변형 | 44면

The Kingdom of Overcomers
이기는 자가 가는 나라! [영문]
변승우 | 신국판 변형 | 52면

得胜者所进的国
이기는 자가 가는 나라! [중문]
변승우 | 신국판 변형 | 36면

When the Church Changes, the World Changes!
교회가 변하면 세상이 변한다! [영문]
변승우 | 신국판 | 220면

教会改变世界就会改变
교회가 변하면 세상이 변한다! [중문]
변승우 | 신국판 | 212면

The Clearest Truth Under the Sun
해 아래 가장 명백한 진리 [영문]
변승우 | 신국판 변형 | 44면

Christianity Alone Is the Way, and the Truth, and the Life!
오직 기독교가 길이요 진리요 생명이다! [영문]
변승우 | 신국판 변형 | 52면

唯独基督教是道路、真理、生命!
오직 기독교가 길이요 진리요 생명이다! [중문]
변승우 | 신국판 변형 | 32면

救いに至る知恵
구원에 이르는 지혜 [일본어]
변승우 | 문고판 | 102면

得救的智慧
구원에 이르는 지혜 [중문]
변승우 | 신국판 변형 | 96면

동역자 도서

영광에서 영광으로
김옥경 | 신국판 | 360면 | 16,000원

From Glory to Glory
영광에서 영광으로 [영문]
김옥경 | 신국판 변형 | 336면

거룩한진주의 도서들 5

榮上加榮
영광에서 영광으로 [중문]
김옥경 | 신국판 변형 | 336면

치유에 대한 성경적인 3가지 원리
치유티칭
진성원 | 신4.6판 | 96면 | 6,000원

김동욱 목사 명설교 모음
김동욱 | 신국판 | 232면 | 15,000원

물러서지 않는 것이 신앙이다!
이윤석 | 신4.6판 | 80면 | 3,000원

문맥 안에서 다시 보는 로마서 난해구
이동기 | 신국판 | 296면 | 15,000원

믿음의 순종
이동기 | 신4.6판 변형 | 72면 | 4,500원

팩트 체크!
"변승우 목사가 신사도 운동을 한다?"
이동기 외 2인 | 신4.6판 | 72면 | 4,000원

'주께서' (약5:15)
이 안에 치유의 비결이 있다!
이길용 | 신4.6판 | 116면 | 3,500원

하나님이 창안하신 부부질서
김원호 | 신국판 변형 | 273면 | 8,000원

읽는 자는 깨달을 찐저!
강순방 | 신국판 | 184면 | 5,000원

Let the Readers Understand!
읽는 자는 깨달을 찐저! [영문]
강순방 | 신국판 | 184면

번역서

그 발 앞에 엎디어
썬다 싱 | 신국판 변형 | 152면 | 10,000원

아주사 부흥 그 놀라운 간증
토미 웰첼 | 신국판 변형 | 200면 | 12,000원

가브리엘 천사를 만나다
롤랜드 벅 | 찰스 & 프랜시스 헌터 엮음 | 신국판 | 288면 | 15,000원

주여! 내 마음을 살피사
찰스 G. 피니 | 신국판 | 376면 | 8,500원

가브리엘 천사를 만난 사람
롤랜드 벅·샤론 화이트 | 신국판 | 246면 | 7,700원

마귀들에 대한 놀라운 계시
하워드 O. 피트만 | 신국판 | 196면 | 12,000원

죄를 이길 수 있는 비결
하늘에서 내려온 동아줄

발행일	2024년 11월 13일 초판 1쇄
지은이	변승우
발행인	변승우
발행처	도서출판 거룩한진주
주 소	서울 송파구 위례성대로22길 27-22 (우) 05655
전 화	02-586-3079
팩 스	02-523-3079
Website	http://www.belovedc.com
	http://cafe.daum.net/Bigchurch (B 대문자)
	https://www.youtube.com/@belovedch
ISBN	979-11-6890-062-2 03230

저작권자의 허락 없이 이 책의 일부 또는 전체를 무단 복제, 전재, 발췌하면
저작권법에 의해 처벌을 받습니다.